勝つ！ラクロス上達バイブル

実戦スキル・戦術・応用トレーニング

男子ラクロス元日本代表 /
女子ラクロス日本代表元 AC
丸山伸也
東京家政大学ラクロス部元 HC
大橋信行 監修

メイツ出版

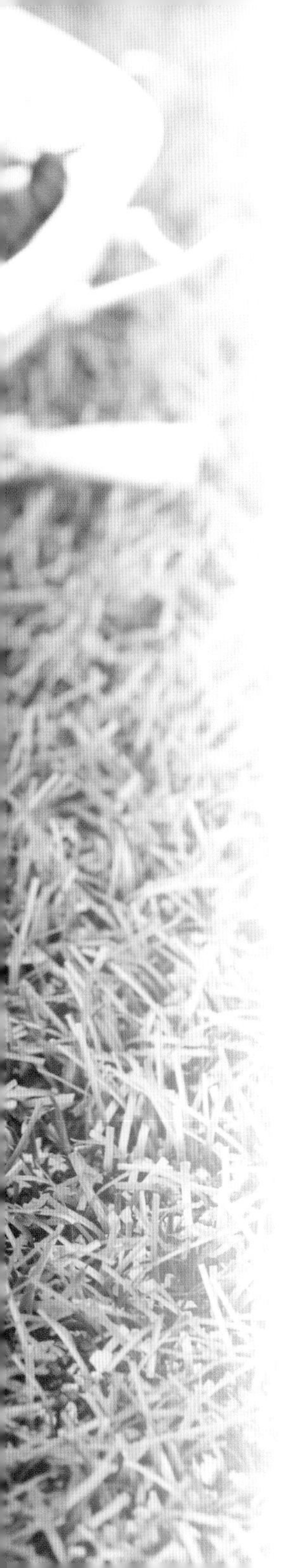

はじめに

今から20年ほど前ですが、私にラクロスのヘッドコーチの要請があり、未経験でしたが指導を始めることになったのです。それまでアメフトのコーチをしていた経験がラクロスの指導でも活きたり、チームスポーツの指導に共通する部分があったこともあり、すぐに指導に熱が入っていきました。

ラクロスの動きは他のスポーツにはない独特なもので、とても興味深く思ったことを今でも覚えています。その理由は、「ファウル」や「サイドアウト」で全員が静止するという、ラクロス特有のユニークなルールによるところも大きかったでしょう。

当時の学生の練習方法は、協会主催の研修で習ったことを延々と繰り返すだけでした。書籍や文献を探しましたが有効な参考書はほとんどなく、仕方なくサッカーの練習方法を改良して使っていたのです。

本書には、主に中上級の方に向けた内容をまとめています。応用練習や戦術面の強化に利用できる内容も盛り込みました。また、初心者の方でも読んで理解し自主的に練習が行えると思います。

本書が皆様の技術強化やチーム強化に役立てば幸いです。

大橋 信行

勝つ! ラクロス 上達バイブル CONTENTS

LACROSSE

PROLOGUE

強いチームのプレーポイント

テクニックの紹介に入る前に、「勝つ」ために必要な考え方やプレー、チームの連携を紹介する。自分たちのチームの状況と照らし合わせながら、そしてときには試合の振り返りの参考にしながら読み進めてもらいたい。

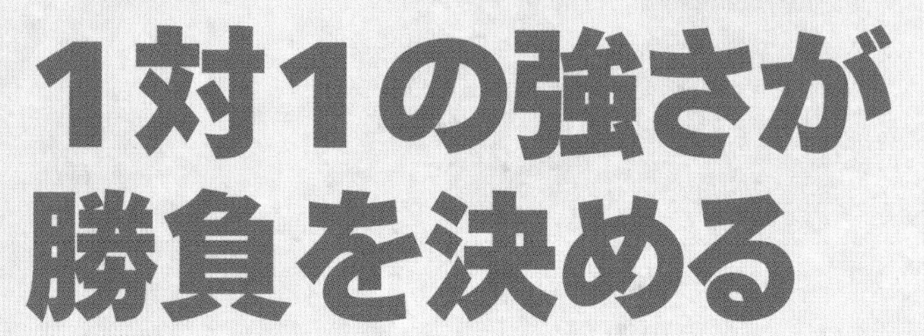

1対1の強さが勝負を決める

基本は10人対10人で行われるラクロスだが、大会によっては6人対6人になる可能性もある。このように一定のエリアに対してのプレー人数が少なくなると、絶対的な体力や1対1の強さが勝負を分ける。本書では1対1の強さが身につく内容を中心に紹介するが、ここではそのベースとなる考え方や戦術などを紹介する。

オフェンスのセオリー

OFFENSE 1 スペースが広くなるとオフェンスが有利

人数が少なくなるということは、スペースが広くなること。すると**ディフェンスが守る範囲が広くなる反面、オフェンス側が使える範囲が広くなるため、より得点しやすい環境になり、オフェンスが有利になってくる。**そのため、オフェンスはより有利な攻撃展開を、ディフェンスはよい攻撃をさせない守り方を身につけていく必要がある。

OFFENSE 2 最も得点率が高いのはゴール裏からのフィードをシュート

シュートで最も得点率が高いのは、ゴーリーの体の向きと逆側から来たボールをシュートすること。つまり、**ゴール裏からのフィードをシュートする動き**だ。ラクロスの特徴として、フィードの場面をたくさん作れることが挙げられるが、得点ができないチームはフィードからのシュートが少ない傾向にある。

例えばゴール裏であれば、ただのパスの中継点（パスコース）になっているのだ。ゴール前のフリーの選手にフィードしてシュートなどのように、**最も得点率が高いゴール裏からの攻撃パターンを磨いておきたい。**

OFFENSE 3　ディフェンスの選手を有効に使う

強いチームとそうでないチームの違いの1つに、**ディフェンスの攻撃参加**が挙げられる。強いチームはディフェンスが攻め上がったり、ディフェンスの上がりを待ったりするプレーができる。ところがそうではないチームはディフェンスが守りに徹してしまい、自陣エリアからほとんど動かないのだ。

また強いチームはディフェンスが攻撃参加することで、ミッドフィルダーの選手が休める時間ができる。このように、**最も運動量の多いミディーを休ませる時間を作る**ことは非常に大切になる。

OFFENSE 4　ミッドフィルダーの運動量を極力減らさないセットという考え方

ミッドフィルダーの運動量を減らさない工夫（戦術）として、セットという考え方がある。これは3人のミッドフィルダーを1つのまとまり（セット）にし、ファーストセットの3人、セカンドセットの3人というように、**セット単位で交代**させるのだ。動きやすい気候や気温などの状況であれば2分程度、夏場であれば1分半のように、体力を消耗しすぎる前にセットを変える。

またオフェンシブやディフェンシブなミッドフィルダーがいるチームは、攻守の交代に合わせてミッドフィルダーを変えるという作戦も考えられる。人数が少ないチームにとってセットは厳しいが、今後はこのような戦略を立てていかないと大会で勝ちあがるのは厳しくなってくるだろう。

OFFENSE 5　ボールを受けるとき、走るとき

勝てないチームの選手に多いのが、ディフェンスに向かってまっすぐに走ることや、ディフェンスを引き連れたままボールを受けようとすること。より有利な展開を考えると、**できるだけディフェンスを引き離した状況を作りたい。**ところが、相手やボールに向かって一直線に進む選手が多いのだ。クロスを構えるために半身で動くラクロスは、本来カットがしやすい姿勢でプレーをしているため、積極的にカットやダッヂを使い、できるだけ有利な状況を作っていきたい。

ディフェンスのセオリー

DEFENSE 1 簡単には抜かせないディフェンスが必要

ディフェンスが1人でも抜かれてしまうと相手のチャンスが広がってしまう。そのため、ライド（フルフィールドのディフェンス）やゴール前のディフェンスには工夫が必要になる。**プレー人数が多ければ**バスケットボールの**オールコートディフェンス**のように、エリアを気にせずディフェンスすることができるが、**プレー人数が少なくなるほど**サッカーのようにある程度**相手を自陣エリアに来させて守る**ことが必要になる。

DEFENSE 2 ファウルを恐れずにチェック

日本のラクロスの傾向として、チェックを多用しないことが挙げられる。確かにチェックをしにいってファウルを取られると相手が有利になってしまうのだが、強いチームほど当たり前のようにチェックをしている。またチェックを多く取り入れているチームは、オフェンス陣も簡単にボールを捕られないよう、相手からクロスを隠すプレーが習慣化されている。ところが練習時にチェックをしないチームだとクロスを隠さないため、簡単に相手にボールを奪われてしまうことも少なくない。

試合で積極的にチェックをするのかは、プレーの質を見ているコーチの判断になるだろうが、**練習時はできるだけチェックを使ってもらいたい**し、そうしなければしっかりとしたディフェンスはできない。日頃からチェックを取り入れ、「どのようなチェックがファウルになるのか」、「どのようなチェックがよいのか」ということを覚えてもらいたい。

DEFENSE 3 がむしゃらにボールを奪い合わない

強いチームになると、**あえてグランドボールを拾わないプレー**をしてくることがある。グランドボールに選手が群がると、どちらサイドのボールになるのかがわからない。ところが強いチームは相手にわざとボールを拾わせて、拾った瞬間にチェックをして奪うというように、**確実に自分たちのボールにする戦い方を知っている**のだ。そしてそこから速攻につなげて得点という展開もよく目にする。

また強いチームはボールを拾ったふりをして相手にクロスを叩かせ、ファウルを誘うプレーなどもしてくる。慣れない頃はがむしゃらになってしまうのも仕方がないが、**徐々に頭を使ったプレーをしていってもらいたい。**

DEFENSE 4 オフェンスに参加するディフェンス

プレー人数が少なくなるほど、ディフェンスが守り専門になってしまっては攻め手のバリエーションが減ってしまう。そのためチェックなどの技術だけでなく、**突破力などオフェンスに参加できる能力も高めていく必要**が出てくる。そうなると持久力をはじめとするフィジカルの強さが、これまで以上にディフェンスにも求められることになる。

プレーの質を上げる「状況判断」「役割分担」「コミュニケーション」

選手1人ひとりが1対1に強くなり、さらにチームとしての強さを発揮できるようになると勝てる試合も増えてくるだろう。そのためにはこれまで紹介してきたことに加えて、「状況判断」「役割分担」「コミュニケーション」が必要になる。ここではこれらの詳しい説明とクォーター制の戦い方、ルール変更への対応を紹介する。

状況判断では「自分がどう見られているか」を考える

状況判断とは周りの状況を見て把握することだが、特に**「自分のプレーが相手にどう見えているか」を考えること**が大事になる。

例えば自分がよい体勢でボールを持ったときに近くに味方がいると、相手は「パスをするな」と思ってチェックに来ないことが多い。ところが意図的に体勢を崩しておくことで、相手は「ボールを奪うチャンス」と見てこちらにチェックにくる。その動きを見計らってパスを出せば、自分にディフェンスが1人ついたため、**より有利に攻撃を展開できる**ことになる。

よい体勢でのプレーや、がむしゃらにプレーすることも大切だが、徐々に「相手が自分をどう見ているのか」を考えられると、よりよいプレーにつながっていく。

勝てないチームほど役割分担がなく猪突猛進する

10ページのグランドボールの例のように、勝てないチームほど役割を分担せず、皆がボールに密集してしまう。

例えばミッドフィルダーがドローで落ちたボールを捕りに行くときに、「相手がボールを捕りそうだ」と思ったら、**ある選手はボールに行き、ある選手は少し引いてディフェンスに備えるなどのプレーをしたい。**もしもオフェンス側の相手が止まっていたら、その選手は味方がボールを捕った後に備えているわけで、**その選手をフリーにさせない**などのプレーも頭に入れておきたい。

役割分担を作るコミュニケーション

試合を見ていて感じるのは、**勝てないチームほど試合が静か**なことだ。先ほどの役割分担を作るのは、「Aちゃんはボールに行って」「B子は行くな（待ってろ）」などの味方の指示であり、声掛けになる。**強いチームほど当たり前のように声を掛け合っている**ため、試合が静かに感じることはないのだ。

また**指示や声掛けをするためには最低限の状況判断が必要**になり、状況判断の質が上がるほど、質の高いコミュニケーションを取れたり、ハイレベルの役割分担ができてくる。つまり**「状況判断」「役割分担」「コミュニケーション」は、常に相互関係**にあり、これらを磨くことでプレーの質が上がるといえるのだ。

クォーター制の戦術

クォーター制が導入されて日が浅い女子ラクロスでは、まだバスケットボールのように戦術が確立されていない。そのためラクロスの競技特性を活かしながら、他競技を参考にするというスタイルの試行錯誤が、今後の戦術を決めていくだろう。

しかしどの競技も常に戦術は進化している。ラクロスも同様になっていくことは間違いないが、そのなかでも**セットプレーを大事にしてもらいたい。**試合に負けていてもセットプレーから得点ができれば「自分たちはこれで点が取れる」という自信になり、試合の流れを変えることができるため、非常に重要な意味を持つ。攻撃力の高いセットプレーほどディフェンスも磨かれていき、味方ディフェンスも成長するので、今後の進化の第1歩として、**高確率で得点できるセットプレーを持っておきたい。**

ルール変更への対応

ルールは常に変わるため、選手たちも情報にアンテナを張っておく必要がある。そのためにお薦めなのは**審判員の資格を取ること**だ。4級以上の審判資格を取れば講習会へ参加する機会もあり、ルール変更の説明が聞けたり、それを仲間たちに伝えることができる。強いチームであってもルールを知らない選手が多いのが現状である。常に最新のルールや今後の変更箇所を知っているだけで、効果的なプレーを模索したり、対策を踏まえた練習ができるようになる。

例えば「スタンドがなくなる」ルール変更があると、選手たちが止まる時間がなくなり、よりスピーディーな攻防になる。また、これまでは止まっている時間で交わしていたコミュニケーションが、走りながら状況を判断し、言葉を交わすように変わってくる。より持久力が求められ、動きながらの状況判断を鍛える必要が出てくるため、**早く情報がわかるほど新ルールに即した練習ができ、それが試合に勝つための重要なポイント**になってくるだろう。

LACROSSE

PART 1

ボールを扱う テクニック上達のコツ

ラクロスの最大の特徴は、クロスでボールを扱うプレースタイルにある。ここではクロスとボールを自在に操るための基本と、よりハイレベルなテクニックを紹介する。

トップハンドを動かして遠心力を得る(トップハンド)

クレイドルでプレーの質を上げる

走っている時や投げようとする時には、クレイドルを行う。このことによって、ボールがヘッドのポケット部分の「同じところ」にあるようにしているのだ。ヘッドの中でボールの位置が変わると、投げた時に抜けてしまったり、引っかかったりしてしまう。また、相手ディフェンスに接点を持たれている時は、ヘッドのすぐ下とボトムをしっかりと握ってクレイドルを行うことで、チェックにも耐えやすくなる。クレイドルにはトップハンドやボトムハンド、両手を使った方法があり、プレーのシーンで使い分ける。

Point 1

クロスを握るトップハンドを使う

クロスのトップ側を持つ右手の手首を利用して、クレイドルを行う。手首の屈曲と伸展を繰り返して、ボールへ働く遠心力をポケットで抑えるようにする。また、クロスを立てたり横にした状態でクレイドルをしても、ポケットの同じ位置にボールがあるようにする。

Point 2

ボトムハンドは緩く握り、シャフトが回るようにする

トップハンドでクレイドルを行う場合のボトムハンドも説明しておく。トップハンドの場合、ボトムハンドはクロスを緩く握り、シャフトが手の中で回るようにする。また相手ディフェンスに接点を持たれている時には、体の近くでクレイドルをすることが大切だ。

クレイドルを行う事で発生する遠心力を利用して、まずは大きくクレイドルをする。ボールがポケットに張り付く感覚を覚えたら、細かくクレイドルができるようにする。

- ☑ クロスをしっかりと握っているか
- ☑ 遠心力が働く方向を考えているか

ヘッドが円を描くように動かすとボールが安定する（ボトムハンド）

低いボールを拾った後に使う

ボトムハンドのクレイドルの場合、トップハンドは緩く握り、ボトムハンドの指先を利用しながらクレイドルを行う。そしてクロスのヘッドが、円を描くような軌道で動かせると、柔らかいクレイドルになっていろいろなプレーで有効に使える。

特にボトムハンドのクレイドルは、ボールを投げ始める位置でのクレイドルや、グランドボールを拾った後に使う。その際に先ほど書いたように柔らかい動きのクレイドルができると、ボールがポケットの中で安定し、いろいろなプレーにつなげやすくなる。

Point 1

クロスを握る ボトムハンドを使う

ボトムハンドのクレイドルは、左手の手首を利用してクロスを動かす。左手首の屈曲と伸展を繰り返して、ボールへ働く遠心力をポケットで抑えるようにする。クロスのヘッドがしっかりと円を描くように左の手首を使って、クレイドルを行うようにする。

Point 2

トップハンドは緩く握り、シャフトが回るようにする

ボトムハンドのクレイドルだが、トップハンドは緩く握るようにし、シャフトが手の中でスムーズに回るようにすること。力強く握ってしまうと、ヘッドがしっかりとした円を描けなくなってしまう。軽く握ってスムーズにボールを拾い、ボールを安定させよう。

クロスのボトムを片手で持ち、クロスを水平に構えてクレイドルの練習をする。その後、下方や投げる位置でのクレイドルを練習する。

- ☑ ボールがポケットの常に同じ位置にあるか
- ☑ クレイドルが大きくできるか

投げる距離やスピードで変える2つのグリップ（ワイドグリップ、ナローグリップ）

投げるフォームを使い分ける

ワイドグリップでは、クロスを持つ手の幅を広くし、体全体を使って投げる。とくに速く投げたり、遠くに投げる場合には、体を捻る力をボールに伝える。そのためには、足の踏み込み、下半身の捻り、上半身の捻り、クロスのボトム、ヘッドの順で力を伝える。

ナローグリップでは、クロスを持つ手の幅を狭くし、コンパクトに投げる。脇を閉め、コンパクトな構えで投げるようにする。クロスのボトムが体に当たらないよう、縦振りを行い、相手が取りやすいフォームを身につけることが大切になる。

ワイドグリップ

ヘッド下とボトムを持ち、体の捻りを使って投げる

　クロスを持つ手の幅を広くし、高い位置から投げてしっかりとフォロースルーをする。手の幅を広くし、遠心力を極端に使わずに投げる。またボールに力を伝えるために、下半身から上半身へと力を伝えていく。シュートや遠投をする際によく使う動きになる。

投げる際に大きく構えたいので、脇を閉めずにクロスを大きく構え、高い位置に持ってくる。手でボールを投げて体の使い方を覚えるとよい。

Check チェックしよう ☑ **体を捻ることができているか、フォロースルーまでしっかり振れているか**

ナローグリップ

ヘッド下とその15cm下を握りコンパクトに投げる

　クロスを持つ手の幅を狭くし、クロスのボトムが体に当たらないよう縦振りを意識する。体に当たる場合にはクロスが斜めになっているので注意したい。素早く近くの味方にパスができるよう、トップハンドのリストを使ってコンパクトにボールを投げる。

トップハンドだけで素振りを行い、素振り終わりのクロスと腕を一直線にする。それにボトムハンドを添えて投げる。

☑ **コンパクトに振れているか、縦振りができているか**

オーバーハンドはピッチング、サイドハンドはバッティングの動き（オーバーハンドスロー、サイドハンドスロー）

遠くへ素早いボールを投げる2つの投げ方

オーバーハンドスローは、トップハンドと反対の足を前に踏み出し、腰と上半身を回転させて投げる。クロスはできるだけ縦にし、ボールがヘッドから出る時にリストの力を利用して投げる。目線は、ボールではなく相手の構えているところや狙うところを見る。

サイドハンドスローは、より速いボールを投げられる。また相手がオーバーハンドスローを阻止しに来たら、この投げ方に切り替えたりもする。足の踏み込み、腰の回転、上半身の回転、クロスのボトム、ヘッドの順でしっかりと振れるようにする。

オーバーハンドスロー

縦振りでトップハンドと反対の足に踏み込む

踏み込み動作をして体重を移動し、その力をボールに伝えるために、下半身から上半身へと順に体を捻る。また地面を蹴った力をボールに伝えること。クロスを斜めに振ると上下左右にズレる危険があるが、縦振りだとズレても上下で済む。

ボールを素手で投げる練習を行い、体の使い方を身につける。

Check チェックしよう ☑ **体を回転させることができているか、縦振りができているか**

サイドハンドスロー

テイクバックの位置でクレイドルをし、体の回転を使って投げる

テイクバックからリリースポイントまで、ボールを入れた状態でクロスを振れるようにする。テイクバックを大きくすると、パススピードが上がるので、テイクバックの位置でクレイドルを練習する。また体の回転を使い、リリースポイントは体の軸よりも前にする。

ボールのリリースポイントは体の軸よりも前にする。

Check チェックしよう ☑ **テイクバックが大きくできるか、ボトムとヘッドが同時に真横にきていないか**

アンダーハンドはゴルフ、バックフリップは雪かき（アンダーハンドスロー、バックフリップ）

相手の虚をつく2つの投げ方

アンダーハンドスローはリリースポイントを低くし、ボールが下から上に向かうように投げる。ゴルフのスイングのように下から上にフォロースルーを行う感じだ。また、リリースポイントでクレイドルをし、テイクバックの位置までボールを入れてクロスを振る。

バックフリップではトップハンドと反対側でクレイドルを行い、その位置からボールを投げる。雪かきで雪を投げ捨てる感じだ。最初は上半身の捻じれを戻す回転力を使って投げ、感覚がつかめたら、腕だけでコンパクトに投げる。

アンダーハンドスロー

リリースポイントは腰よりも下

リリースポイントを腰より下にすることで、ボールの軌道が下から上になる。またシュート時に、コースを下と上に打ち分けられるようになる。そのためにはヘッドが腰よりも下でクレイドルができること。そうしないと投げた時にボールが抜けてしまう。

ヘッドを腰よりも低い位置に構えてクレイドルをする。ゴルフのスイングに似た素振りをする。

Check チェックしよう　☑ **リリースポイントが腰よりも下か、ボールの軌道が下から上に向かっているか**

バックフリップ

体の回転を使って投げる

腕を伸ばした状態から体を回転させて投げ始める。遠くに投げる場合は、背筋を意識して投げ、近くに投げる場合は、腕と手首を使う。そのためには、トップハンドの体の反対側でクレイドルをする。さらに、オーバーハンドスローからのフェイクとして、写真の位置でクロスを止められるようにする。

ボールがポケットに納まっていないと安定しないので、ボールがポケットから出ないようにクロスを扱う。

☑ **トップハンドとボトムハンドが交差していないか、体の回転力を使えているか**

背中側からボールを押し出すBTB、肩に当てるくらいクロスを振るFTB

2つのパス、ビハインドザバック（BTB）とフロントザバック（FTB）

ビハインドザバックは、体を背中側に回転させながらボトムハンドを押し出し、ヘッドが体の後ろ側にくるようにして投げる。リリースポイントでヘッドの面を相手にしっかり向けて、ボールに力が伝わるように投げる。まずは山なりで投げ、慣れてきたらノールックパスなどに応用する。

フロントザバックは、体の前にクロスを通し、体の後ろ側をボールが通過するように投げる。クロスを体の前を通すときに、オーバーハンドスローのパスフェイクのようにできると、相手にパスコースを読まれない。

ビハインドザバック

リリースポイントでヘッドの面を相手に向ける

ヘッドの面が斜めだとボールに力が伝わらない。鏡を見ながら素振りをすることで、フォームの確認や面の向きの確認ができる。また速いボールを投げる時は、体の回転力とボトムハンドの押し出しを使う。トップハンドだけで投げると、速度が遅くなってしまう。

ヘッドが背中側まで回ることでボールに力が伝わる。このことを意識して素振りを行う。

Check チェックしよう　ヘッドの面が相手に向いているか、ボトムハンドを押し出しているか

フロントザバック

目線は狙うところを見る

狙うところをしっかりと見て投げる。速いパスをするときは、ボトムハンド側の肩にクロスが当たるぐらいクロスを振る。また投げたい方向に対する向きを把握する。例えば、パスが体の正面から90度右に飛ぶ場合は、投げたい方向に対して、左に90度向いて投げる。

鏡を見ながら素振りを行い、フォームを確認する。

Check チェックしよう　ヘッドの面の向きは大丈夫か、目線は狙う場所を見ているか

ヘッドを大きく構え スピードを吸収してキャッチ

味方に的を大きく見せる

キャッチ動作は、リラックスした自然体で行うことが大切になる。そしてクロスのヘッド部分を、パスを出す味方の選手から大きく見えるように構え、的を大きく見せることで、パスを出す選手が狙いやすくする。ただし肘を伸ばしきると素早く動けないため、軽く曲げておく。キャッチで大事なことは、パスのスピードに合わせて、ボールを弾いてしまわないように引きながらスピードを吸収することだ。その際にクロスを引きすぎるとボールが落ちたり、ディフェンスにチェックされたりするので注意すること。

Point 1

リラックスした自然体で構える

腕や肩に力を入れた状態や肘を伸ばした状態で構えると、ボールに対する動き出しが遅れてしまう。そのため肘は軽く曲げ、クロスを軽く握り、リラックスした状態で構えること。そうすれば構えたところと違う位置にボールが来ても、素早く動いて捕ることができる。

Point 2

味方にクロスを大きく見せる

クロスを体の前で構えようとしすぎると、肘が伸びて動きが遅くなったり、キャッチミスにつながりやすい。さらに味方から見えるクロスのヘッド面が小さくなってしまい、味方が投げにくくなる。クロスは相手に大きく見える角度で構え、味方が狙いやすくすること。

Point 3

クロスを引きすぎない

パスのスピードに合わせて、トップハンドとボトムハンドを使ってクロスを引くようにして、ボールの勢いを吸収する。クロスを後ろに引きすぎてしまうと、ボールを落としやすくなったり、チェックを受けやすくなったりするので、極端に引きすぎないこと。

クロスを構える範囲を自分の視野内に留め、キャッチ動作でクロスが視野の外に出ないようにする。また、トップハンドをヘッド付近に置くことで、手で取る感覚に近づきキャッチしやすくなる。

- ☑ リラックスしているか
- ☑ クロスが相手に大きく見えているか
- ☑ 引きすぎていないか

トップハンドを滑らせながら手首を返すバックサイドキャッチ

手首を屈曲させて捕る

バックサイドのキャッチ動作では、フォアサイドから最短距離で構えられるようにする。その際にヘッドの面の向きは変えず、キャッチの瞬間はボールのスピードを吸収できるように少し手を引くようにする。

キャッチのタイミングでトップハンドのクロスを持つ手を滑らせながら手首を返す（屈曲させる）。

キャッチ後はトップハンドでクロスをしっかりと握り、手首を戻すようにしながら、クロスに入ったボールを自分の顔の方に向け、投げる位置に移動させてから投げる。

Point 1

クロスの向きを変えない

フォアサイドの構えからヘッドの面の向きを変えないようにする。その状態からバックサイドへのボールがきた位置にヘッドを素早く動かすことで、速いボールにも対応ができる。このときに腕や肩が力まないよう、できるだけ自然にクロスを構えられるようにする。

Point 2

トップハンドの手を滑らせ手首を返す

キャッチと同時にトップハンドの手を滑らしながら手首を返す。そのようにしてクロスの面を正面に向けておくことで、速いボールも面で捉えることができる。そしてスピードを吸収できたら、トップハンドでしっかりクロスを握り、投げる位置に戻す準備をする。

Point 3

手首を戻しながら投げる位置に持っていく

トップハンドでしっかりとクロスを握り、クロスに入ったボールを顔のほうに向けて動かすことで、より速く投げる位置にクロスを動かせる。また、クロスを動かすときに顔の近くを通すことで、相手からのチェックを受けにくくすることができる。

面の向きを変えずにフォアサイドからバックサイドにクロスを移動させる練習を行う。ボールを持った状態でバックサイドに構え、面の向きは変えずに手を滑らせ手首を返し（屈曲）、持ち方を変える。

- 面の向きは変わっていないか
- トップハンドの手首を使っているか
- 顔の近くを通っているか

最高到達点で片手捕りのハイボールとヘッドを180度回して捕るショートバウンド

ハイボールキャッチとショートバウンドキャッチは位置が重要

ハイボールキャッチは、ドローで上がったボールをできるだけ高い位置で捕り、自分たちのポゼッションにするときに使う。相手よりも先にボールに触れるように、片手でできる限り高い位置で捕り、その後はプロテクトできるように体を相手とクロスの間に入れる。

ショートバウンドキャッチでは、バウンドするボールにクロスを被せるようにして止め、手首を返してボールをクロスの上に乗せる。さらに、トップハンドのクレイドルを利用して、投げる位置に構える。バウンドの頂点の手前で捕ることで、相手より先に捕れる。

ハイボールキャッチ

高い位置で捕り片手でクロスをコントロール

最高到達点でボールを捕るためには、片手でクロスのボトムを持ち、クレイドルができるようにならないといけない。またボールを捕った後にチェックをされないため、相手のいない方向にクロスをコントロールし、相手とクロスの間に体を入れる。

片手でクロスのボトムを持ち、水平でのクレイドルを練習する。その後上方でのクレイドルや下方でのクレイドルを磨く

Check チェックしよう　**最高到達点で捕れているか、片手でクロスをコントロールできているか**

ショートバウンドキャッチ

ボトムハンドの手首を使いバウンド後すぐに捕る

ボトムハンドの指先でクロスを握り、ヘッドを180度回転できるようにする。そして跳ね上がるボールにクロスを被せ、ボトムハンドの手首を返す。相手からのプレッシャーや混戦を防ぐため、バウンド直後にボールを捕れるようにしたい。

ボトムハンドのクレイドルでクロスを回転できるように握る。ボトムハンドのパスフェイクの練習をし、捕ると同時にパスフェイク動作を行うイメージを持つ

ポケットにボールが入っているか、バウンド後すぐに捕れているか

足を出してクロスをプロテクトするグランドボールスクープ

Point

1 膝と股関節を曲げて腰を低くする

2 足でクロスをプロテクトする

3 クロスを長く出さない

スクープ後の行動をイメージしながら捕る

グランドボールの捕り合いは、膝と股関節をしっかりと曲げ、腰の位置を低くして重心を下げることが大切。また相手選手と体がぶつかった場合でも、ふらつかないように備えておくこと。

また、クロスをしっかりとプロテクトしながら行うことも大事だ。クロスを長く出して持つとチェックされやすいので、ヘッド付近を持って体でクロスを隠すこと。

それからグランドボールを捕る前には必ず視野取りを行い、スクープ後の行動をイメージしておくことが重要になる。

Point 1

膝と股関節を曲げて腰を低くする

混戦でグランドボールを拾う場合だが、膝と股関節をしっかり曲げ、腰の位置を低くすること。この姿勢を取ることで安定感が増し、相手とぶつかっても耐えやすくなる。また立ち止まってボールを拾うのではなく、走り抜けながら拾えるようにする。

Point 2

足でクロスをプロテクトする

右側にいる相手選手にチェックされないためには、右足を前に出してクロスが体の前に出ないようにする。さらに、トップハンドはヘッド付近を持つようにし、ボトムハンドは低く下げる。そのようにしてヘッドの先が芝に引っかからないようにする。

Point 3

クロスを長く出さない

クロスを長く持ってしまうと写真のように腰の位置が高くなってしまい、安定感にかけてしまう。さらに相手選手からチェックを受けやすいというデメリットも生まれてしまう。しっかりと重心を下げ、足でクロスを守りながら捕れるようにしたい。

足とクロスの位置関係を確認し、スクープのフォームを練習する。この動きが自然にできるよう、体にしみ込ませる。

- ☑ 膝が伸びていないか
- ☑ 腰の位置が低いか
- ☑ 膝より前にクロスが出ていないか

地面を蹴った力を体のしなりでボールに伝えるオーバーハンド

極端に体を力ませない

高い位置からシュートが打てるように構える。また力強く素早いシュートを打つための体の使い方だが、まずは足を踏み込み、地面を蹴って腰を回転させ、上半身を回転させてから、クロスのボトムとヘッドの順で振りぬく。このときに腕や体が力んでいると「しなり」を使えず、ヘッドスピードが落ちてしまう。そのため極端に体を力ませずに動かし、ボールをリリースするときにだけ力を入れるようにする。またベストコースにベストなシュートを打てるように、日ごろから練習をしたい。

Point 1

地面を蹴った力をボールに伝える

速いシュートを打とうとすると、上半身に力を入れて投げる人が多い。しかしそれではクロスに上手く力が伝わらず、狙ったコースに投げられない原因にもなる。筋力だけでなく、地面を蹴る足の力をボールに伝えるようにすることで、ボールのスピードが上がる。

Point 2

体の回転力を使って振り切る

フォロースルーまでしっかりとクロスを振り切ることで、体の回転力を使った大きなフォームで投げることができる。回転力をしっかりと使うためには、下半身の力から上半身の力、腕の力という順にクロスに伝えていき、伝達ロスがないようにボールに伝えていく。

リリースするタイミングがずれると、抜けたり引っかかったりして狙った場所に投げられない。同じタイミングでリリースできるようにする。

- 地面を蹴ることができているか
- 体、腕が力んでいないか

クロスステップで踏み込む&体の前の腰より下で打つ(サイドハンド、アンダーハンド)

より強いシュートと上下へ打ち分けられるシュート

サイドハンドシュートは大きなテイクバックと体の回転力を使って速いシュートを打つ。クロスステップをしてから踏み込むことで腰の回転幅が広がり、より多くの回転力が生まれる。リリースポイントは体の軸の前にする。地面を蹴る力をボールに伝えるとより力強いシュートが打てる。

アンダーハンドシュートも体の回転を使う。テイクバックを大きくするためには、テイクバックの位置でクレイドルをする。リリースポイントは体軸より前の腰よりも低い位置。ここからシュートを上下に打ち分ける。

サイドハンドシュート

クロスステップで回転力を上げる

クロスステップをすると腰が後ろを向くので、腰の回転力を増やすことができる。また回転力が増すことでより大きな力をボールに伝えられ、シュートスピードが速くなる。さらにテイクバックが大きいほどクロスの振り幅が広がり、シュートスピードが速くなる。

バッティングのような素振りをし、ビュンと一番大きな音がするところがリリースポイントになるように振る。

Check チェックしよう　☑ **テイクバックは大きいか、クロスステップができているか、リリースポイントは体軸の前か**

アンダーハンドシュート

リリースポイントは腰よりも下

リリースポイントを腰よりも低くすると、シュートコースを上にも下にも変えられる。そうするとゴーリーにコースを読まれにくくなる。シュートスピードを上げるためにはテイクバックを大きくし、リリースポイントまでの距離を長くして、ヘッドスピードを上げる。

腰よりも下でクレイドルをし、徐々にテイクバックの位置までクレイドルの幅を広げる。

Check チェックしよう　☑ **リリースポイントは腰よりも下か、上下にシュートを打てるか**

リリースポイントを変えて打つ2つのシュート（抜き・引っ掛け）

クレイドルでプレーの質を上げる

どちらもオーバーハンドシュートと同じフォームで打つがリリースポイントが異なる。

抜きはリリースポイントを「早く」することで、スイングスピードよりもボールが遅くなり、ゴーリーのタイミングがズレる。またフォロースルーをしっかりと下まで振り切ることで、ゴーリーの反応を下に誘い、シュートをゴールの上に決められる。

引っ掛けは、ポイントを「遅く」することでゴーリーを先に反応させ、タイミングをズラす。オーバーハンドよりもクロスの軌道を上にし、ゴーリーの反応を「上」に誘う。

抜きのシュート

リリースポイントを早くし、下まで振り切る

リリースポイントを早くすることで、軌道とタイミングを変え、ゴーリーの反応をミスリードする。フォロースルーを上で止めてしまうと、クロスを見ているゴーリーの反応は「上」になる。しっかりと下まで振り切ることで、ゴーリーの反応を「下」に誘導する。

通常のリリースポイントのクロスが地面に対して「垂直」ならば、手前45度ぐらいでリリースするパスを練習する。

☑ **オーバーハンドシュートと同じフォームか、フォロースルーが下までできているか**

引っ掛けのシュート

リリースポイントを遅くし、クロスや顔を上に向ける

リリースポイントを遅くすることで、ゴーリーを先に反応させる。また軌道とタイミングを変えて、ゴーリーの反応をミスリードする。目線や顔を下に向けていると、ゴーリーの反応が下になることがあるので、目線や顔、体の向き、クロスを上にしてシュートする。

通常のリリースポイントのクロスが地面に対して「垂直」ならば、100度ぐらいでリリースする。

☑ **目線や顔の向きが上になっているか、シュートコースとゴーリーの反応が違っているか**

質の高い状況判断

序章で触れた状況判断だが、ラクロスに限らずボール競技の特徴として、レベルが上がるほどボールを直視しない。

例えば「ボールをもらう」とき。レベルが低いと、ボールを投げるほうももらう方も、常に相手を直視してしまう。またボールに対して一直線に動くことも多い。そのためパスコースが読まれ、パスカットされる頻度が高くなってしまう。

レベルが上がると、パスをもらう前に相手をかわし、味方同士が直視しあう時間が少なくなる。一流レベルになると、パスを受ける際に、パスを出す選手よりも他の選手やゴール、相手の位置を見るようにする。

キャッチをする直前までそれらを見ることで状況を把握でき、次のプレーが早くできるようになる。

声を掛けてパスをもらいに行くが、視野は次の展開場所を見ているため、パスを出す選手が慣れていないと躊躇してしまうことがある。

LACROSSE

PART 2

相手を抜く＆抜かせないテクニック上達のコツ

ラクロスが上手な選手は、間違いなく1on1に長けている。試合中に最もプレー頻度の高い、相手を抜く、そして抜かせないテクニックを磨いてもらいたい。また抜くテクニックのページを読みながら「このプレーで抜かせないためには？」などのように、考える力にもつなげてもらいたい。

相手に動きを読まれないために 2歩で行うロールダッチ

クロスを体で守り回転して相手をかわす

ロールダッチでは、ダッチ後の進行方向を先に見て状況を把握しておく。また相手ディフェンスとクロスの間に自分の体を挟み、クロスをチェックされないようにする。ダッチの際に歩数が多くなると、止まることがばれてしまうので、「止まる一歩」と「蹴る一歩」の二歩で行う。

止まる足はできるだけダッチ後の進行方向に向ける。またクロスの持ち替えが早すぎるとディフェンスにチェックされるので、ボトムハンドを持ち替えて投げる位置に移動させ、相手を抜くまでは体の横に隠しておく。

ドライブ中にロール後の進行方向を見る

ロールダッチ前に必ずダッチ後の進行方向の状況を見て、「相手がダブルチームに来ていないか」、「味方がフリーでカットインしている」などの情報を得る。そして「ダブルチームはダッヂしない」、「味方がフリーならダッヂ後にすぐパス」などの判断をしておく。

Point 2

止まる足、蹴る足を分ける

写真では、右足が「止める足」、左足が「地面を蹴る足」になる。ダッヂの際に外側の足（左側）で止まって蹴ると時間がかかり、ディフェンスが対応しやすくなる。止まる右足は、ダッヂ後の進行方向にできるだけ向けると、体が回転しやすくなる。

Point 3

持ち替えはすぐに行わない

ロールダッヂと同時にクロスの持ち替えをすると、相手ディフェンスが残っている方向にクロスが出てしまうため、チェックを受けやすくなる。写真では左手の位置を、クロスのボトムから左側で投げるところへ移動させつつ、体の横に隠しておく。

クロスを持たずにステップだけの練習をする。全力疾走から二歩で止まり、すぐに反対方向に全力疾走できるようにする。

- ☑ ダッヂ後の方向を先に見ているか
- ☑ 二歩で止まれているか
- ☑ 持ち替えが早すぎないか

足をつっかえ棒のようにして切り替えるスプリットダッヂ

ステップを刻んで向きを変える

スプリットダッヂは、相手ディフェンスに真っ直ぐ向かって行くのではなく、ディフェンスを横に動かすように1対1を仕掛ける。ダッヂする際に外側の足（写真では右足）だけで切り返すと足への負担と時間がかかるため、内側の足（写真では左足）でブレーキをかけ、外側の足で地面を蹴る。地面を蹴る際には、膝をできるだけ曲げず「つっかえ棒」のようにして、地面からの反発と背筋を使って切り返す。持ち替えのタイミングが早いとディフェンスにこちらの動きがばれてしまうので注意する。

Point 1

ディフェンスを横に動かす

相手ディフェンスに対して正面から真っ直ぐに1対1を仕掛けるのではなく、ディフェンスが横に動くように仕掛けていく。切り返すタイミングは、ディフェンスが進行方向に動くために足を浮かせた瞬間を狙う。このタイミングで切り返すと成功率が高くなる。

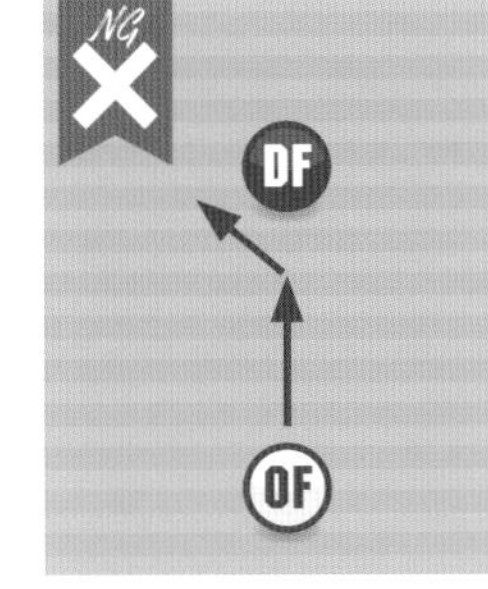

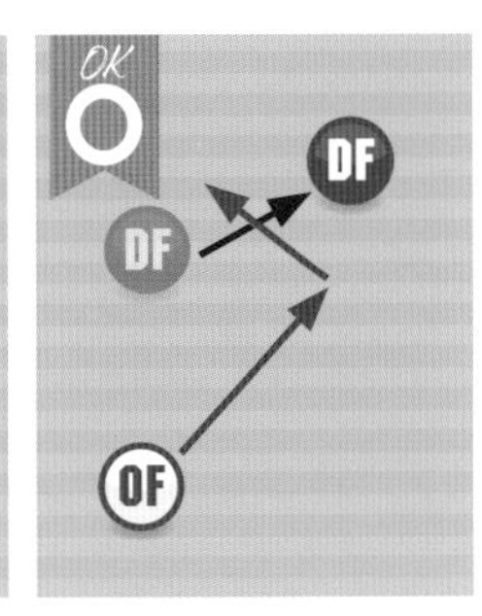

左足でブレーキ

外側の足（写真の右足）で「ブレーキ動作」と「地面を蹴る動作」の両方を行ってしまうと、足に掛かる力が大きくなってしまう。また時間がかかってしまうため、切り返し動作が遅くなってしまう。これらを防ぐためには内側の足でブレーキをかけるようにする。

Point 3

右膝はなるべく曲げない

地面を蹴る際に膝を深く曲げてしまうと、膝を伸ばす必要が出てくるため、時間がかかってしまう。すると相手ディフェンスに対応できる時間を与えてしまうことになる。素早く切り返すためには、膝をなるべく曲げず、背筋でジャンプをするような意識を持つ。

マーカーをV字に置き、ダッヂの練習をする。最初は鈍角から始め、徐々に鋭角にしていく。さらに、全力疾走から二歩で止まれるようにする。

- ☑ **1対1のベクトルをディフェンスからズラしているか**
- ☑ **膝が深く曲がっていないか**

フェイクを使って ディフェンスを惑わせるダッヂ (ロールフェイクダッヂ、スプリットフェイクダッヂ)

確実なステップで相手を翻弄する

ロールフェイクダッヂは、ロールダッヂのように見せかけて相手を抜く。相手ディフェンスに背中を向け、進行方向と反対側に体軸を倒し、戻るように見せる。ステップは右足➡右足➡左足になり、右足から右足へのステップで腰を回転させてフェイクをかけ、左足を遠くに置いて地面を蹴る。

スプリットフェイクダッヂは、切り返すように見せてそのまま進む。ステップは左足➡左足➡右足になり、2回目の左足の時にロールフェイクとは逆に腰を回し、左足で地面を蹴り、右足を大きく踏み出す。

ロールフェイクダッチ

腰を回転させる

ロールダッチと同じように腰を回転させ、相手ディフェンスに背中を向けるように腰を回転し、ロールダッチと思わせて止まらせる。しっかりと腰を回転させ、右足➡右足➡左足とステップをする。2回目の右ステップで地面を強く蹴り、大きく前に進むことが重要。

クロスを持たずにステップの練習を行う。マーカーをステップの位置に置くとよい。慣れたらステップの間隔を狭くする。

Check チェックしよう ☑ **ステップ（右➡右➡左）ができているか、腰を回転させているか**

スプリットフェイクダッチ

体軸を進行方向と反対に倒す

スプリットダッチで切り返して戻るときと同じように体の軸を傾けることで、ディフェンスに止まる意識を待たせる。また腰を回転させて相手ディフェンスに体を向けることで、相手は「切り返すのではないか」と思ってスピードを緩めるので、そのまま進む。

クロスを持たずにステップの練習を行う。マーカーをステップの位置に置く。

Check チェックしよう ☑ **ステップ（左➡左➡右）ができているか、腰を回転させ正面を向けているか**

顔や体の向きで相手をだますダッヂ（フェイスダッヂ、ジャンプダッヂ）

近すぎないディフェンスとの間合いが重要

フェイスダッヂは進行方向と反対に顔やクロスを振ることで、相手ディフェンスに切り返すように思わせて抜き去る。その際に、写真の左足のように踏み込む位置を、直線で走るときよりも左側にすることで、ディフェンスに左に行くと思わせ、右に進む。

ジャンプダッヂは、ダッヂの前にジャンプをして動きを止める。着地から次の一歩を速く動かし、そちらに進むように見せて切り返す。走りの動、止まる静、切り替えの動で動きにメリハリをつける。ステップは左足➡左足➡右足で切り返していく。

フェイスダッチ

進行方向と反対に顔とクロスを振る

進行方向と反対に顔やクロスを振り、相手に「切り返す」と思わせる。また膝を深く曲げると伸ばすのに時間がかかるため、曲げずに背筋でジャンプをする。踏み込み足は「つっかえ棒」のようにしてダッチする。ディフェンスと間合いが近すぎないように注意。

遠い間合いからダッヂの練習。徐々に近づき相手が触れられない間合いを見つける。

Check チェックしよう ☑ **クロスが体から離れすぎていないか、膝は深く曲がっていないか、間合いが近すぎないか**

ジャンプダッチ

ダッヂの前にジャンプし、着地後の一歩を速くする

ジャンプをして一度体の動きを止め、左右どちらにも行ける体勢を作る。そして着地後の一歩を速くすることで、そちらに進むように見せ、反対に切り返す。動から静、そして動へのリズム変化を入れる。間合いが近いと相手に接点を持たれてしまうので注意する。

マーカーを置いてステップの練習。ステップができたらクロスを持って練習する。

Check チェックしよう ☑ **ステップ(左→左→右)ができているか、着地後に素早く動けているか**

踏み蹴りと着地を同じ足で行う グースステップダッチ

空中で足を入れ替える

グースステップダッチは、空中で脚を交差させて、踏み蹴った足で着地をして相手を抜く、トリッキーな動きのダッチになる。

グースステップダッチのステップは右足➡右足➡左足の順になり、一歩目の右足が接地した時に、左足は膝を伸ばすようにして素早く前に蹴り出す。次に蹴り出した左足を右足があった位置に素早く引きつけ、同時に右足を前に蹴り出して、空中で左右の足を入れ替える。そして左足は地面に着けず、右足で接地して右足で地面を踏み切って切り返す。

Point 1

右足の接地と同時に、左足は素早く前に蹴り出す

右足が接地をしたら、素早く左足を蹴り出すことで、ディフェンスに前へ進むように見せる。相手に判断の時間を与えないためには、高く飛びすぎないこと。蹴り出す動きが上手くできなければ、動きを覚える方法としてスキップを行い、同じ足の着地のタイミングで逆足の膝を伸ばす。

Point 2

左足は接地せずに、右足があった場所に素早く引きつける

前に蹴り出した足を素早く引きつけ、前に進んでいるように足を動かす。左足を引きつけると同時に、右足を蹴り出し、空中で足の前後を入れ替える。その後は左足を着けずに右足だけで着地をし、右足で地面を力強く踏み蹴って一気に向きを変え、反対側へ進む。

止まった状態で片足立ちをし、反対の足を前に伸ばす。前に伸ばした足を軸足の方に引きつけ、軸足は前に蹴り出し、軸足で接地する練習をする。

- 素早く蹴り出せているか
- 素早く引きつけているか
- ステップ（右→右→左）ができているか

膝とつま先を同じほうに向けた低い姿勢 パワーポジション

素早い動きに対応できる

ディフェンスは、相手の動きに素早く対応することが求められる。そのためには股関節と膝関節を十分に曲げて、腰の位置を低くし、前後左右に素早く動き出せる姿勢が作れることが大切になる。注意したいのは、猫背にならないように胸を張ること。膝が伸びてしまって腰が高い位置にあると、相手の切り替えについていけない。

また、つま先が外側に向いて、膝が内側に入っていると、膝の前十字靭帯を痛めやすいので、つま先と膝の向きが同じになるように正しいフォームを身につけたい。

Point 1

股関節と膝関節を曲げ、前後左右に動き出せる姿勢

ジャンプをしてから両足で着地をしたときの姿勢がひとつの理想になる。ジャンプから着地をしたときのように股関節と膝関節を十分に曲げ、腰の位置を低くした姿勢を取る。またこのときに猫背にならないように、しっかりと胸を張る

Point 2

膝を伸ばさない

パワーポジションを取ったときに腰の位置が高いと、重心の位置が高くなってしまう。重心の位置が高いと相手のダッヂに上体が振られてしまい、次の動き出しが遅れてしまう。相手の動きに釣られると棒立ちになりやすいので、できるだけよいフォームを身につけたい。

Point 3

つま先と膝を同じほうへ向ける

女性は骨盤の割合が大きいため「X脚」になりやすい。「X脚」になるとつま先が外側に向き、膝が内側に入ってしまう。この姿勢は膝の前十字靭帯を痛めやすく危険なため、フォーム矯正や膝の内側の筋肉をつけたりして、つま先と膝の向きを同じにする。

鏡を見ながらフォームの確認をする。X脚が強い人は「ガニ股」を意識する。

- ☑ **腰の位置は高くないか**
- ☑ **猫背になっていないか**

相手にクロスを大きく見せて体重を寄せる（クロスサイド、バックサイド）

サイドを抜きに来る相手を止めるクロスポジション

相手オフェンスをクロスサイドに行かせないためには、クロスサイドにクロスを構え、相手にクロスを大きく見せる。また重心をクロスサイド（右足）に寄せ、右側に来る相手に対しては体重を乗せて接点を持つ。

バックサイドに行かせないためには、バックサイドにクロスを構え、相手にクロスを大きく見せる。クロスサイドに構えると、バックサイドにスペースがあるように見えるので注意すること。重心をバックサイド（左足）に寄せ、左側に来る相手に対しては体重を乗せて接点を持つ。

クロスサイド

クロスサイドにクロスを大きく構えて重心を寄せる

相手オフェンスをクロスサイドに抜かせないためには、クロスサイドに相手に大きく見せるようにクロスを構える。重心をクロスサイド（右足）に寄せて体重を乗せ、相手との接点が持てるようにする。また左側に来る場合は、右足で地面を蹴って対応する。

鏡を見ながらフォームの確認をする。左右への動きは、重心を左右に移した体勢でアジリティトレーニングなどを行う。

Check チェックしよう ☑ **クロスが横に寝ていないか、重心の位置がどこか**

バックサイド

バックサイドにクロスを大きく構えて重心を寄せる

相手オフェンスをバックサイドに抜かせないためには、バックサイドに相手に大きく見せるようにクロスを構える。重心をバックサイド（左足）に寄せて体重を乗せ、相手との接点が持てるようにする。また右側に来る場合は、左足でしっかり地面を蹴って対応する。

鏡を見ながらフォームの確認をする。左右への動きは、重心を左右に移した体勢でアジリティトレーニングなどを行う。

Check チェックしよう ☑ **クロスをクロスサイドに構えていないか、重心の位置がどこか**

つま先を地面から離しすぎず、進行方向へ向ける（サイドステップ、クロスステップ）

素早い動きについていく2つのステップ

ディフェンスのサイドステップのポイントは、進行方向の足を地面から離しすぎないこと。この足を地面から離しすぎると、足が地面につくまで動き出せず、相手の切り返しへの対応が遅くなってしまう。腰を落として、地面すれすれで足を運ぶことが大切になる。

クロスステップは、サイドステップよりも素早くディフェンスをしたいときに使う。体幹に力を入れることで、上半身の体の向きを相手に向け走れるようにする。下半身は進行方向を向き、速いスピードに対応できるようにする。

サイドステップ

足を地面から離さず、つま先は進行方向へ

サイドステップの脚の運びだが、足を横に振るよりも、前に振るほうが素早く動ける。そのため、つま先は常に進行方向へ向け、素早く左右に移動できるようにする。そのためには移動中に、地面から足を離しすぎないことが大切になる。

ゆっくりのスピードから始め、フォームをしっかり身に付ける。

Check チェックしよう ☑ **ジャンプしながらサイドステップしていないか、進行方向につま先が向いているか**

クロスステップ

上半身は相手に、下半身は進行方向へ向ける

体幹に力を入れることで、肩がぶれたり体が進行方向に向いたりしなくなる。そうすると、相手をしっかりと見ながら走れるようになる。また腰を捻ることで、上半身と下半身の向きを変えられ、相手を見ながら下半身を進行方向へ向け、速く走れるようになる。

最初は顔だけを相手に向けながら走れるようにし、徐々に上半身を向けるようにする。

Check チェックしよう ☑ **上半身は相手に向いているか、全速力で走れているか**

確実なストップで間合いを詰める

間合いを詰めてオフェンスに対応する

チームディフェンスでは、自分のマークマンだけを見ればよいわけではなく、他の選手のところが抜かれそうであればスライドを準備したり、ゴール前に絞る動きをしなくてはならない。その中で、自分のマークマンにボールが入りそうなときは、間合いを詰めて、オフェンスに自由を与えないようにしなくてはならない。間合いを詰める時に大事なことが、しっかり止まること（ストップ）である。確実に止まれないと、オフェンスの1対1に対して対応ができなくなり、相手に抜かれやすくなってしまう。

Point 1

マークマンのキャッチのタイミングで間合いを詰める

マークマンがボールをキャッチしたタイミングで、ゴール方向に絞った状態からマークマンに押し上げる動きを行う。相手オフェンスにスペースを与えると自由にプレーをされてしまうので、それを封じるために間合いを詰めて、接点を持てるようにする。

Point 2

しっかり止まり、どの方向にも動ける姿勢を作る

ディフェンスで「押し上げる動き」や「間合いを詰める動き」で大事なことは、しっかりと止まり、どの方向にも動ける姿勢を作ることである。確実に止まることができないと、相手オフェンスとの1対1に対応することが難しくなってしまい、抜かれやすくなる。

ゆっくりとしたスピードからパワーポジションで止まる練習を始め、徐々にスピードをあげる。

- ☑ 確実に止まれるか
- ☑ どの方向にも動けるか

クロスの面を使うチェック、足で接点をキープするホールド

チェックは範囲を広げ、ホールドはフットワークで動きに対応する

マークマンの進行方向を横切る形でチェックをする場合、自分のクロスが届く距離でマークマンの前方から行う。クロスを長く使えるように持ち、チェックの範囲を広げる。また、クロスのヘッドの正面を使い「面」でクロスとクロスの接点を持つ。

マークマンが1on1を仕掛けて守備範囲に侵入してきたときは、クロスを持つトップハンドとボトムハンドで、マークマンの腰付近と肩付近をホールドする。一度接点を持てたら離れないように、フットワークを使って対応する。

チェック

クロスを長く持って面を使う

チェックをする際に、ヘッドの横だとクロス同士の接点が「点」になるので、ヘッドの正面を使って「面」でチェックする。またクロスを持つトップハンドからヘッドまでの距離を長くすることで、チェックが届く範囲がひろがる。

大振りをしないようにして、コンパクトにチェックする。マークマンのクロスが体から離れるタイミングを観察する。

Check チェックしよう ☑ **長いクロスをコンパクトに振れているか、面の向きはどうなっているか**

ホールド

マークマンの腰と肩付近をホールドする

トップハンドとボトムハンドで、マークマンの腰付近と肩付近をホールドする。クロスを横にしてハンドル（シャフト）で相手を押してはいけない。またマークマンが接点を持った状態でドライブからロールダッヂなどをした場合はフットワークを使って対応する。

クロスを持たずに守備を行い、ダッヂやドライブにフットワークで付いて行けるようにする。

☑ **クロスが横になっていないか、クロスを持つ手の間隔が肩幅よりも広くないか**

COLUMN

意外と入らないフリーシュート

サッカーのPKにあたるフリーシュート。ゴーリーと1対1で打つのではなく、ディフェンスがつくため、初中級の選手ほど意外と決められないのが現状だ。試合に勝つためには、フリーシュートの成功率を上げることが1つのポイントになる。確実に決められるように、日頃から実践的な練習をしておきたい。

特に今後のルール改正では、ハッシュ（フリーシュートを打つエリア）が7か所から5か所に変わる可能性が高い。そうなると隣とのエリアが広くなり、ディフェンスのチェックが緩くなる可能性がある。そしてチェックが緩くなることで、得点率が上がる可能性が高くなる。

このフリーシュートだが、決めるコツは「ゴールにできるだけ近づいてシュートをすること」と「ディフェンスにチェックをされないこと」の2つになる。とはいえ、ゴールに近づきすぎるとディフェンスにチェックされる危険が高くなるため、ディフェンスの能力と自分のシュート力や素早さを考慮して調整する必要がある。

フーリーシュートを確実に決めよう

LACROSSE

PART 3

応用テクニックとトレーニング

ベースとなるテクニックの質が上がるほど、相手の虚をつくプレーも活きてくる。プレーの選択肢を増やすためにも、いろいろなテクニックを取り入れてもらいたい。

ディフェンスを誘導してから フェイクパスを出す（BTB）

パスを出さない選手のほうへ誘導する

ディフェンスが1人でオフェンス2人をカバーしようとしているときに有効なフェイクパス。フェイクパスではパスをしようとするフェイクの動きや体の向きを使い、ディフェンスを、パスを出さない選手のほうに誘導する。

図の場合、右の選手にパスフェイクをしてから、左側の選手にビハインドザバックパスをする。ディフェンスを一瞬でも反対側に動かすことができれば、ボールマンへの対応が遅れるため、例えばゴール前であればフリーでシュートがしやすくなる。

Point 1
ディフェンス1人がオフェンス2人をカバーする状況で有効

図のようにディフェンスが1人でオフェンス2人をカバーしようとしている状況で有効になる。ディフェンスをパスフェイクによってパスを出さない選手のほうに動かし、反対側の選手にパスを出す。パスを受けるほうとの日頃からの連携が重要になる。

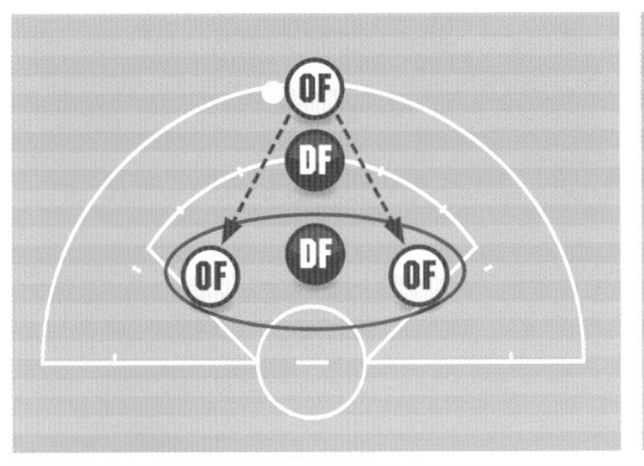

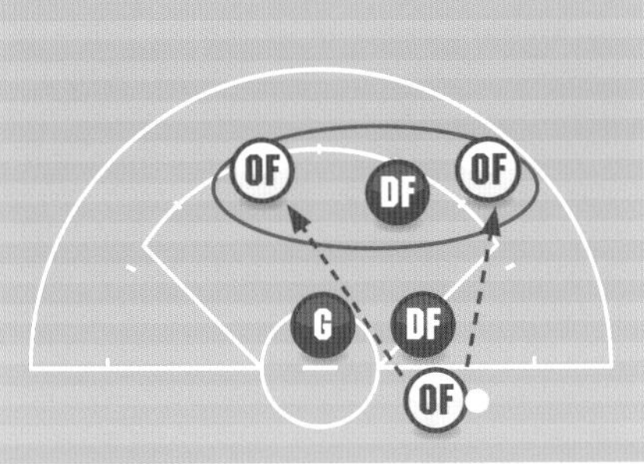

Point 2
BTBを行う前にパスフェイクをする

右側のオフェンスにパスフェイクを行い、ディフェンスをそちら側に動かす。またパスフェイクの位置から、ビハインドザバックパス（BTB）ができるようにする。正確なパスを出すことも重要だが、フェイクと読まれない動きも同じくらい重要になる。

パスフェイクの位置からビハインドザバックパスができるようにする。初めは止まった状態から徐々に走りながら行う

- ☑ **ディフェンスが反対側に動いているか**
- ☑ **構えたところにパスできているか**

フェイクパスから一連の動きでパスを出す（FTBとバックフリップ）

ディフェンスを惑わすフェイクパス

フロントザバックパス（FTB）も、DF1人でOF2人をカバーするときに有効になる。片方の選手にオーバーハンドでパスをするように見せ、一連の動きのままFTBをする。その際に、目線や顔の向きは投げるほうと反対にする。バックフリップパスも使う状況はFTBと同じになる。片方の選手にオーバーハンドでパスをするように見せ、パスフェイクの位置からバックフリップパスを行う。パスフェイクからバックフリップパスまでの間にクレイドルを入れるとDFが体勢を整えるため、できるだけ素早くパスを出す。

FTB

オーバーハンドスローのモーションからFTB

左側にいる選手にオーバーハンドスローで投げるようにし、その流れのままフロントザバックパスで右側の選手にパスをする。このときに視線や顔の向きを右側にすると投げる方向が読まれてしまうため、目線や体の向きはフェイクを入れる左側を向けておく。

オーバーハンドからFTBに行けないときは、コンパクトに顔の前を通しFTBを行う。

パスフェイクにディフェンスが釣られているか、目線、顔の向きは大丈夫か

バックフリップ

オーバーハンドスローのパスフェイクを大きくする

ディフェンスを動かすために、オーバーハンドスローのクロスの動きを大きく速く行う。クロスがコンパクトにしか動かせない場合は、できるだけディフェンスを引き寄せる。またクレイドルを入れるとDFが体勢を整えるため、フェイクをしてからすぐに投げる。

オーバーハンドスローのフェイクを練習し、フェイクからバックフリップパスの精度を上げる。

フェイクは大きいか、クレイドルをしていないか

大きく動いて素早く打つフェイクシュート（上から下のフェイクシュート）

ゴーリーを動かしてからシュートを打つ

シュートフェイクは大きな動作で素早く行う。シュートを打つように見せて、ゴーリーを先に動かすことが大事である。投げるように見えないフェイクやスイングが小さかったり、遅かったりするとゴーリーは反応してくれない。またフェイクからシュートまでに時間がかかると、ゴーリーが体勢を整えてしまうため、シュートまでの時間を速くする。

フェイクの基本は、ゴーリーのクロスの移動距離を長くすることで、上フェイクから下にシュートや下フェイクから上にシュートを行う。

Point 1

ゴーリーを先に動かす

シュートフェイクが大きく素早いほど、その動きにゴーリーが反応しやすくなる。ゴーリーが先に動けば、どこかにシュートコースが空くため、確実にゴーリーを動かしたい。ゴーリーが反応しないフェイクにならないよう、相手からの見え方も考えたい。

Point 2

フェイクからシュートまでを速くする

シュートフェイクからシュートまでの動きが遅くなると、ゴーリーが体勢を整え、セーブの準備ができてしまう。どのコースが空くのかを事前に想定したり、ゴーリーの特徴をつかみながら、フェイクからシュートまでの動きを一気に素早く行うようにしたい。

パスキャッチの練習でフェイクを行う。相手が反応してしまうフェイクの動きを覚える。

- 大きく速くスイングできているか
- フェイクからシュートまでが速いか

体の向きや目線でゴーリーの反応を下方向にする（下から上のフェイクシュート）

下に反応させて上に決める

アンダーハンドシュートの場合もフェイクが小さいとゴーリーが反応しないため、クロスを大きく振ってゴーリーを反応させるようにする。また体の向きや目線が上方向にあると、ゴーリーの下方向への反応が小さくなり、逆に上方向に反応しやすくなってしまう。そのため、自分の体や目線を下方向に向けることで、ゴーリーの反応をできるだけ下方向に誘う。

そしてシュートフェイクからシュートを打つまでの間ではクレイドルを入れず、できるだけ素早くシュートをする。

Point 1

アンダーハンドシュートに見えるようにフェイク

アンダーハンドシュートのフェイクをすることでゴーリーの意識を下に向け、コースが空いた上側にシュートができる。このときに大きくクロスが振れると、ゴーリーは反応しやすくなるため、できるだけクロスを大きく、そして素早く振れるようにする。

Point 2

体や目線を下に向ける

フェイクをするときに重要なポイントになるのが、体の向きや目線、足を踏み込む方向になる。体の向きや目線、踏み込む方向を意識して動かすことで、ゴーリーをダマすことができる。クロスを振らなくても、体や顔を動かして、ゴーリーを動かすこともできる。

クロスを振ったときにボールが落ちる場合は、ポケットからボールが動かないクレイドルの練習をし、ボールが動く角度や位置を確認する。

- ☑ シュートするように見えているか
- ☑ 体の向きや目線はどうなっているか

ゴーリーの習性を利用してシュートする（右ゴーリー対策、左ゴーリー対策）

クロスを動かしにくいところへシュートを打つ

例えば右ゴーリーの場合は、左上段にフェイクを入れ、ゴーリーのクロスをバックサイドに動かし、左中段にシュートを打つ。ゴーリーはフェイクだと気づくとクロスを元に戻そうとするが、左上段から左中段へはクロスを下から動かすことが多いため、時間がかかる。そのためシュートが決まりやすい。

左ゴーリーの対策はこの逆で、ゴーリーがバックサイドに速く動く習性を利用して、クロスから遠い所へシュートをする。ただし、右（左）ゴーリーに有効なフェイクは、左（右）には捕りやすくなる。

右ゴーリー対策

バックサイドに動かし クロスサイドにシュート

ゴーリーはクロスのないバックサイドに動こうとするので、その心理を利用してシュートを打つ。写真では、サイドハンドシュートでクロスのないファーサイドに体の向きや目線、踏み込みを向けている。リリースポイントを遅らせ、ゴーリーが先に動いてから、反対側にシュートを打つ。

シュートコースと違うところへゴーリーを反応させる。

クロスの遠いところにシュートが打てるか、
ゴーリーをフェイクで反応させているか

左ゴーリー対策

バックサイドに 動かしてシュート

考え方の基本はゴーリーのクロスから遠いところへシュートを打つこと。写真ではゴーリーの右上にシュートを打つようにクロスを構えて体を向け、踏み込んでいる。そしてゴーリーがその動きにつられたら、ゴーリーの股下に向けて引っ掛けるシュートを打つ。

ゴールに近いシュートの場合は、遅いシュートで決める練習をする。

ベストコースによいシュートが打てるか、
右ゴーリーと同じ打ち方をしていないか

力がなくてもできる 体でフェイクをかけるシュート

体や顔でフェイクを仕掛ける

ゴーリーを惑わせるシュートフェイクは、大きく素早くクロスを振れるほど有効になる。しかし、体格や筋力によっては、このようなパワーを活かしたプレーができないこともある。そこで有効になるのが、クロスを振らずに、体や顔を動かしてフェイクをすることだ。

体や顔を動かし、ゴーリーがその動きにつられて空いたコースを狙ったり、タイミングをずらしてシュートを打ったりする。ポイントは、相手をダマせるフェイクができることと、ゴーリーの動きをよく見てシュートを打つことだ。

体や顔を動かして相手を惑わせる

いろいろなスポーツでも、一流の選手は顔や体を使ってフェイクをしている。これはラクロスでも例外ではなく、うまく体や顔を動かすことで、相手を惑わせることができる。クロスを動かさず、体や顔の動きに緩急をつけたり、自然な動きを身につけたい。

クロスは投げる位置に構えたままにする。そして体や顔を動かし、その方向の逆側にシュートを打つ。

- ゴーリーが自分の動きに反応しているか
- ゴーリーのタイミングをずらせているか

チェックできそうな位置にボールを置くグランドボールの拾い方

相手を引きつける

グランドボールを拾う前には、必ず周りを見ることを忘れない。例えばボールを見るために下を向いたときには、自分の後ろの状況を見るようにする。

状況を見るときのポイントは、味方と相手の位置を確認することだ。確認ができたら相手選手を自分に引きつけるために、片手でボールを捕り、意図的に相手がチェックできそうな位置に見せること。そして相手をチェックに来させておいて、フリーになった味方にバックフリップパスなどのパスをしてボールをつないでいく。

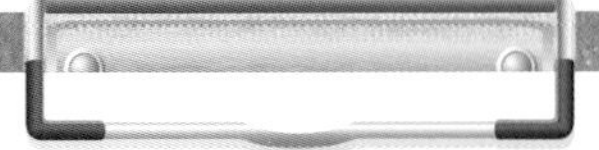

Point 1

下を向いたときに自分の後ろを見る

グランドボールを拾う前には、必ず周りを見て情報を集める。ボールを見るために下を向いたときには自分の後ろを見て、味方と相手の位置関係や人数を把握しておくこと。できるだけ正確な情報を集めて把握できるほど、次のプレーを有利に展開できる。

Point 2

相手にチェックができると思わせる

グランドボールをスクープした後は、片手でキープをする。そして相手が「チェックが出せる」と思える位置でボールをキープすること。このように相手を釣り出せると味方がフリーになるため、できるだけ相手を引きつけるプレーを習慣にしたい。

Point 3

ボールを捕った直後に投げる体勢をとらない

グランドボールを拾った直後にパスが出せる体勢を作ると、相手はパスに備えて味方をマークしてしまう。ボールを拾った後はできるだけ相手を引きつけたいので、状況によっては投げられる体勢をすぐには作らない。自分のプレーがどう見られるかを考えておく。

味方や相手の位置を事前に把握し、どのようにボールを捕って投げるかをイメージする。

- 周辺視野を意識し、状況を把握できているか
- 相手からどのように見えているのか

フェイクやトリックで ディフェンスをだます1on1

自分のプレーがどう見えているかを考える

1on1では、相手に「今から仕掛ける」と察知されるような動きだけでは効果的な攻撃ができない。パスを展開するようなフェイクを入れたり、ゴール前にフィードするようにフェイクを入れたりすることで、ディフェンスが体勢やバランスを崩して対応が遅れ、抜ける可能性が高くなる。1on1では「止められる」と諦めてパスをしてしまうことが多いが、止められたら「諦めた演技」をして、パスフェイクからもう一度仕掛けることも有効だ。自分のプレーが相手にどう見えているかを考えながらプレーをしたい。

Point 1

パスフェイクからの1on1

パスを投げる相手の味方選手を呼び込み、ディフェンスに「あの選手にパスをする」と思わせる。ディフェンスにそう思わせておいてからパスフェイクを入れ、ディフェンスがパスコースにクロスを出そうとしたところで、逆方向に切り返して一気に抜き去る。

Point 2

トリックをする1on1

ボール保持者はピックで一度止まり、ピックに隠れるよう、少ししゃがみ逆に切り返すフェイントを入れる。そして進むときにピックの仲間のクロスにボールを入れる。ボールを渡した選手はクレイドルをして持っているフリをし、もらった選手はクレイドルをしない。

パスフェイクからの1on1では、パスをする雰囲気を作る。トリック1on1では、ディフェンスとゴーリーから見えない位置で行う。

- パスフェイクにディフェンスがつられているか
- トリックでボールを渡したことがバレていないか

COLUMN

フリーシュートを決める2つのポイント

チェックをされずにフリーシュートを打つための2つのポイントを紹介する。64ページのコラムで書いたように、フリーシュートで大事なことは、「ゴールにできるだけ近づいてシュートをすること」と「ディフェンスにチェックをされないこと」になる。

1つ目のポイントは、ゴールに近づいてシュートすることだ。しかしディフェンスにチェックをされてシュートが打てなかったり、狙ったところにボールが行かなかったりすることも多い。そうならないためには、はじめに自分がどのハッシュマークのポイントにいるのか、そしてディフェンスはどのハッシュマークのポイントにいるのかを確認し、角度のよい位置でシュートをするためにはどうすればよいかを考えることだ。例えば、「どう走るか」、「どうクロスを隠すか」、「角度が悪ければ打たない選択をする」などになる。またゴール横にフリーのアタックがいれば、その選手を使ってもいいだろう。

2つ目はワンステップでシュートを打ち、フリーシュートのポイントからのミドルシュートを決めること。そのためには、シュートのスピードと精度が大事になってくる。

自分やディフェンスの位置を確認しよう

LACROSSE

PART 4

勝つための戦術

チームの強みを最大限に発揮させたり、弱みを補うのが戦術になる。チームの選手の特性に合わせたり、相手チームの戦術の特徴をつかんで分析に役立てるなど、より深くラクロスに足を踏み入れてもらいたい。

サイドの選手が起点になって攻める1-3-2

二次攻撃でシュートにつなげる

1-3-2のフォーメーションはサイドの選手が起点となって一次攻撃を仕掛け、逆サイドに展開してからの二次攻撃でシュートにつなげるフォーメーションになる。起点の選手が上に仕掛けた場合は、トップを経由して逆サイドに展開し、二次攻撃を仕掛けてシュートに持ち込む。また起点の選手が下に仕掛けた場合は、裏を経由して二次攻撃を仕掛け、シュートに持ち込む。まずはディフェンスを入れずに動きを覚え、確実な攻撃を展開する。それに慣れてきたら、ディフェンスを入れて実践的な練習をする。

トップ経由の攻撃方法

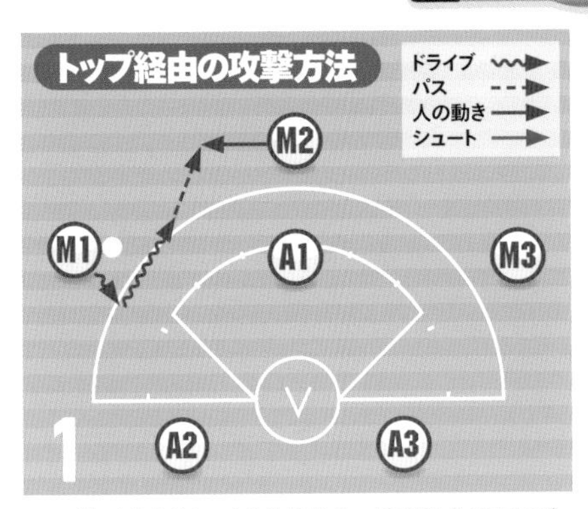

M1が起点となり1on1を仕掛ける。この場合は下にダッヂをして上に抜き、M2のDFを引き付けてM2にパスを展開する。M2はM1側にミートに行く。M1はシュートまで行ける時はゴールに向かう。

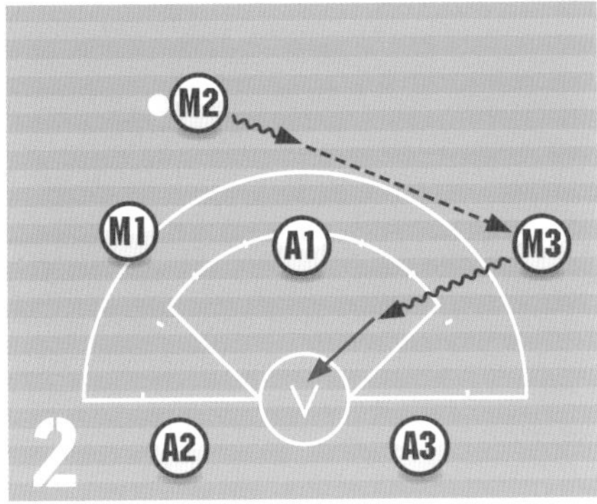

M2はセンターに1on1を仕掛け、M3のDFを引き付けてM3にパスを展開する。M2もシュートまで行ける時はゴールに向かう。M3は広いスペースを利用してゴールに向かう。

裏経由の攻撃方法

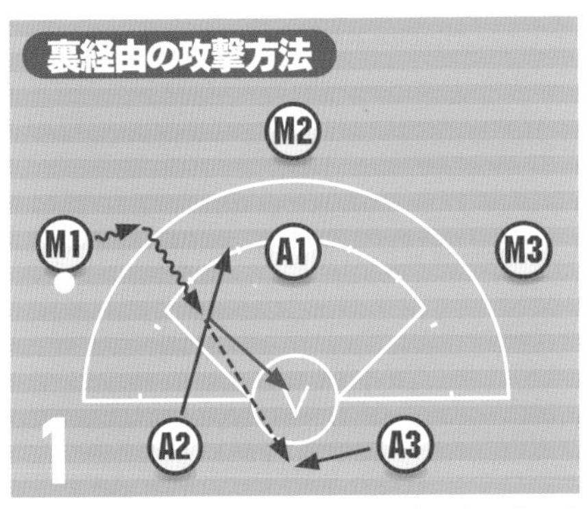

M1が起点で1on1を仕掛ける。この場合は上にダッヂをして下に抜き、ゴールに向かう。A2はスペースを空ける動き。M1がシュートできないときはA3にパス。A3はM1がシュートできないときはミートに行く。

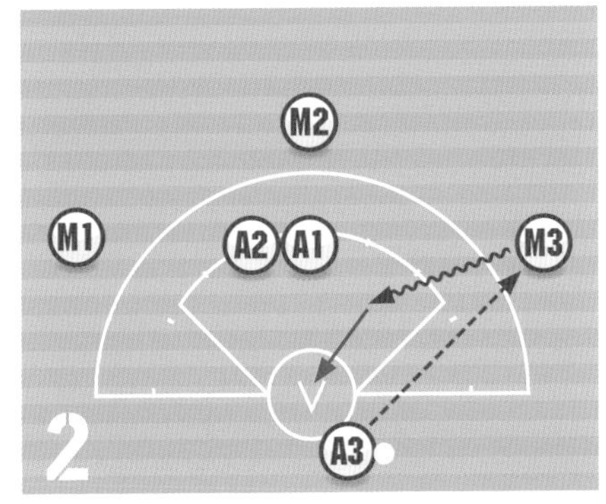

A3はM3にパスを展開する。M3は広いスペースを利用してゴールに向かう。A3にボールが渡った時に、A1とA2のピックプレーでカットインを狙うなど工夫次第では色々な攻撃が仕掛けられる。

ディフェンスなしで起点からパスの展開、フィニッシュまでの流れの練習（スケルトン）をして、できるようになったらディフェンスを入れて練習する。

- ☑ **パスの距離感は大丈夫か**
- ☑ **フィニッシュの1on1が仕掛けやすいか**

ボールの展開に合わせてダブルクリースを変える1-4-1

ボールの位置で並び方を変える

1-4-1のフォーメーションはボールの展開に合わせ、ダブルクリース（ゴール前のオフェンスの選手を2人にする）の配置を変える。

ボールがトップや裏にある場合のダブルクリースは横並び、サイドにある場合は縦並びになる。

アウトサイドにいる4人の選手は、それぞれが1on1の起点となる。とくに相手ディフェンスがゾーンの時に有効で、ダブルクリースを作ることによってマークマンの受け渡しが難しくなり、フリーの状況を作りやすくなる。

ボールがトップや裏のときのダブルクリースの例

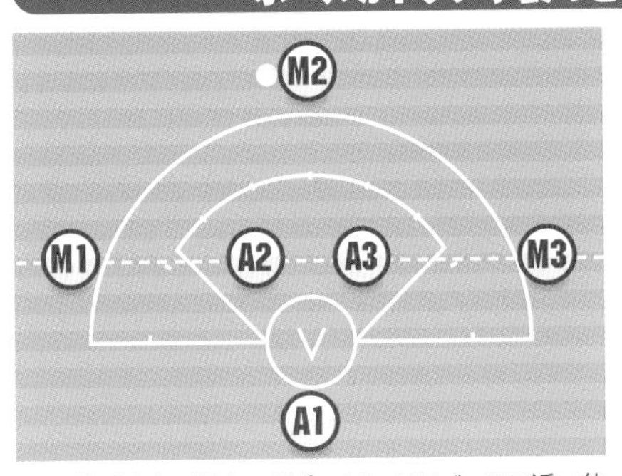

M2が起点となる場合、ダブルクリースはゴールに近い位置にポジショニングする。それに合わせて、M1とM3のポジションも低くして4人のラインを下げ、1on1のスペースを作る。

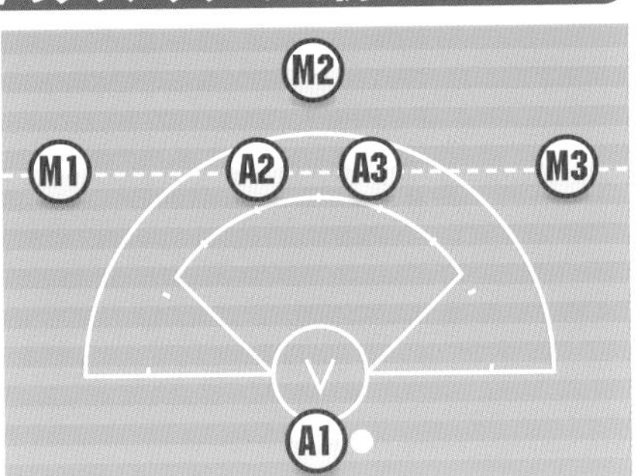

A1が起点となる場合、ダブルクリースはゴールから離れてポジショニングする。それに合わせ、M1とM3のポジションも高くし、4人のラインを上げて、1on1のスペースを作る。

ボールがサイドにあるときのダブルクリースの例

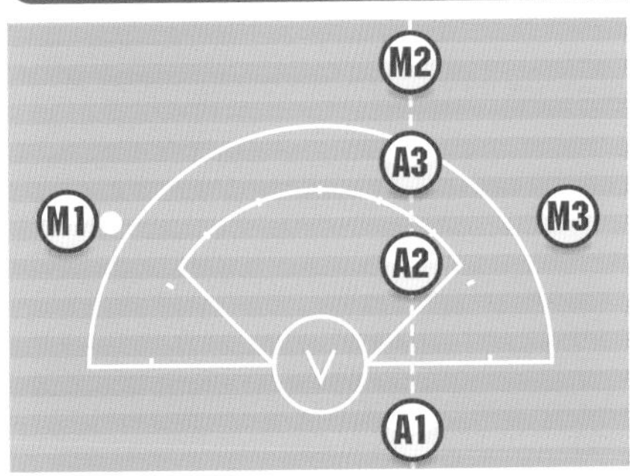

M1が起点となる場合、ダブルクリースは逆サイド寄りにポジショニングする。それに合わせて、M2とA1のポジションを逆サイドに寄せ、4人のラインを逆サイドにして、1on1のスペースを作る。

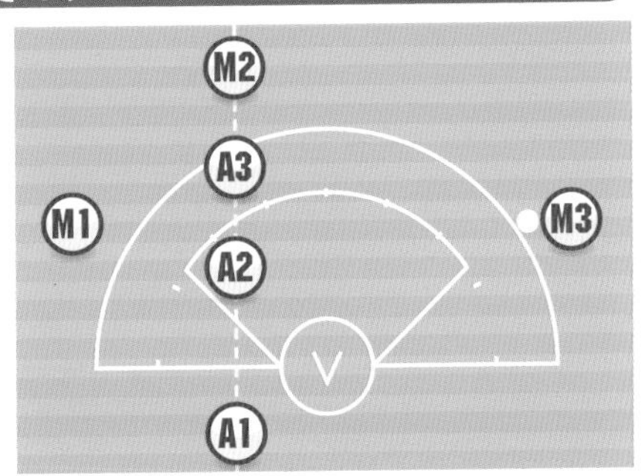

M3が起点となる場合、ダブルクリースは逆サイド寄りにポジショニングする。それに合わせ、M2とA1のポジションも逆サイドに寄せて、4人のラインを逆サイドにして、1on1のスペースを作る。

アウトサイド4人がパス回しをできるように、M2とA1は左右に、M1とM3は上下に動いてパスの展開をする。ダブルクリースはボールの展開に合わせて移動できるようにする。

- 4人のラインのコントロールができているか
- 1on1のスペースが作れているか

トップが起点となりゴール裏から展開する2-3-1

ゴール裏から攻撃を展開

2-3-1のフォーメーションは、トップ2人のどちらかが起点となって一次攻撃を仕掛ける。

基本的な動きとしては、ゴールの裏にいる選手にパスを出して、その選手を経由する。パスを受けたゴール裏の選手は逆サイドのトップまでボールを展開し、サイドの選手がパスを受けてから二次攻撃を仕掛けていく。

裏にボールが展開された後、カットインを合わせたり、さらにパスを展開して三次攻撃を仕掛けるなど、色々なオフェンスを組み立てることができる。

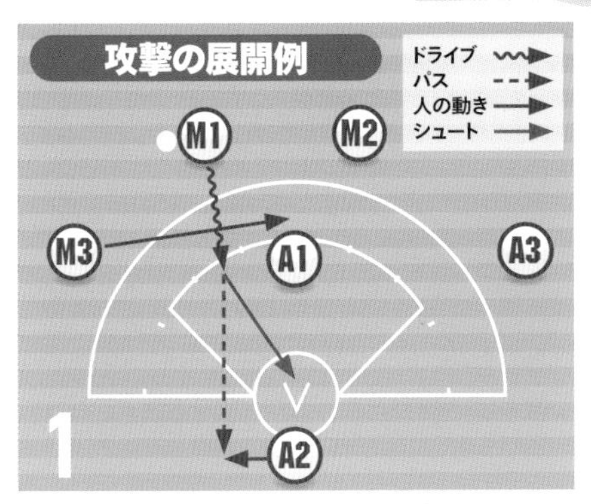

M1が起点となる場合、M3はクリーンアウトして1on1のスペースを作る。M1はシュートを狙うが打てないときはA2にパスを展開する。A2がM1からパスをもらうために早く動きすぎると、A2のディフェンスがシュートの邪魔になるので、シュートができるかできないかの判断をする。

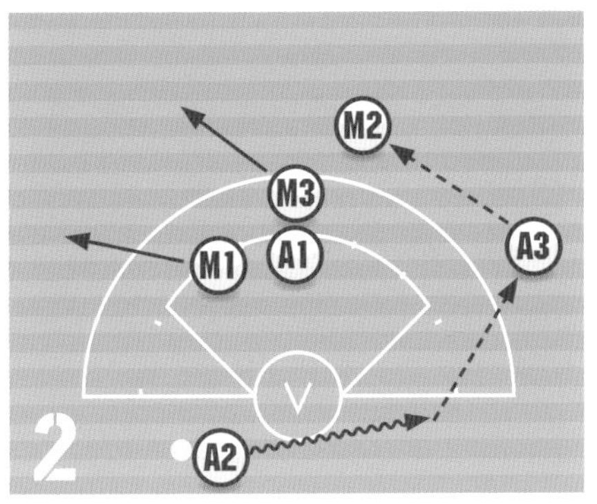

A2が裏をドライブする際に、A1とM3でピックを利用してカットインを狙ってもよい。A2はフィードを出さなかった場合、A3にパスを展開し、A3からM2に展開する。

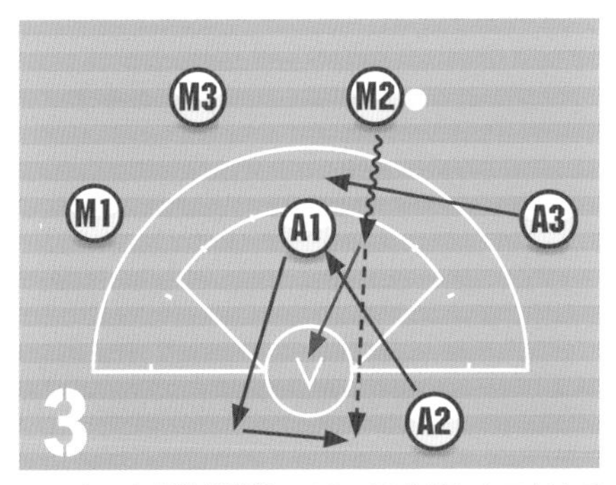

M2から二次攻撃を開始し、A3、A2はクリーンアウトして1on1のスペースを作る。M2はシュートを狙うが打てないときはA1にパスを展開する。

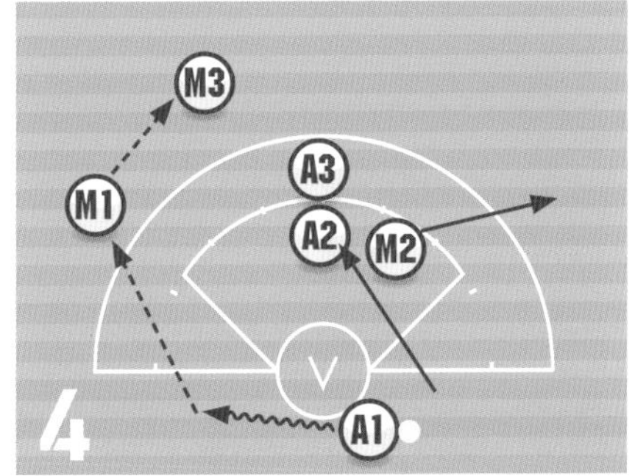

A1からM1にパスを展開し、M1からM3にパスを展開する。M3から三次攻撃を仕掛ける。このように、選手の位置は変わるが、フォーメーションの2-3-1を維持しながらオフェンスを繰り返し、チャンスのところでフィニッシュする。

起点となる1on1を誰から仕掛けるかコミュニケーションを取る。スケルトンで流れを理解できたら、ピックやカットなども含め、臨機応変に2-3-1のフォーメーションを保つ。

- クリーンアウトができているか
- 裏のミートのタイミングは早すぎないか

ダブルクリースの配置を変えて1on1を仕掛ける2-2-2

ディフェンスのアクションを見てから動く

2-2-2のフォーメーションは、ボールの展開に合わせてダブルクリースの配置を変えることで、一次攻撃の1on1のスペースを空けて仕掛ける。

このときの注意点だが、空けたスペースに対して味方のカットインが早すぎると、1on1が強く行えなくなってしまう。そのため、自分のディフェンスのアクションを見てからリアクションをすることが重要になる。

またパスを展開するときに、ダブルクリースがピックを利用してフリーを作る攻撃も作りやすいため、積極的に仕掛けていきたい。

ボールがトップや裏のときのダブルクリースの例

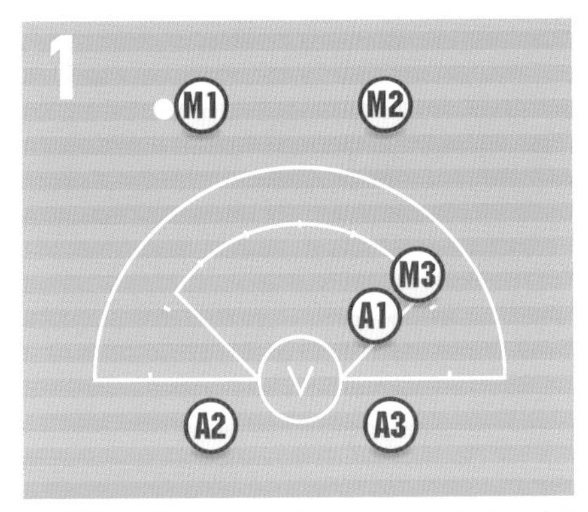

M1が起点となる場合、ダブルクリースは対角のA3寄りの位置にポジショニングする。

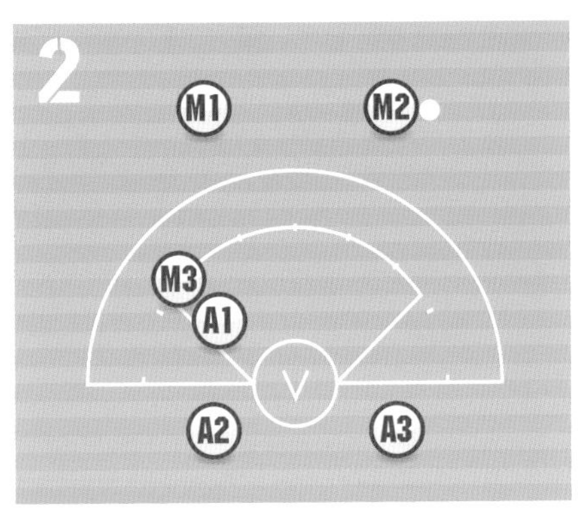

M2が起点となる場合、ダブルクリースは対角のA2寄りの位置にポジショニングする。

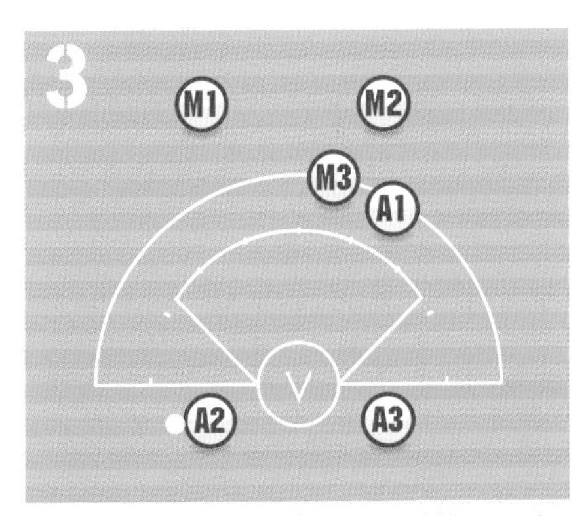

A2が起点となる場合、ダブルクリースは対角のM2寄りの位置にポジショニングする。

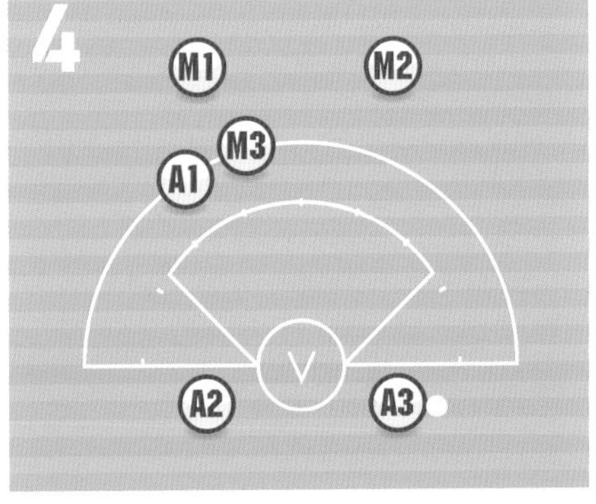

A3が起点となる場合、ダブルクリースは対角のM1寄りの位置にポジショニングする。

ダブルクリースの2人で一緒に動く練習をする。1on1を仕掛ける時はカットインに早く行かないようにする。

- スペースを空けられるか
- ディフェンスのアクションを見てから動いているか

3トップの両サイドが起点となる3-1-2

逆サイドのトップから二次攻撃を仕掛ける

3-1-2のフォーメーションは、3トップのサイドのどちらかの選手が起点となり、横断する一次攻撃を仕掛ける。そしてゴール裏を経由してから逆サイドのトップまでボールを展開し、そこから二次攻撃を仕掛ける。

ゴール裏にボールが展開されたときからは、「カットインを合わせる」、「フィードができなければパス」、「組み立て直して再び二次攻撃を仕掛ける」など、色々なオフェンスを組み立てることができる。確実に攻めきるためには、それぞれのポジションの動きを把握しておくことが大切になる。

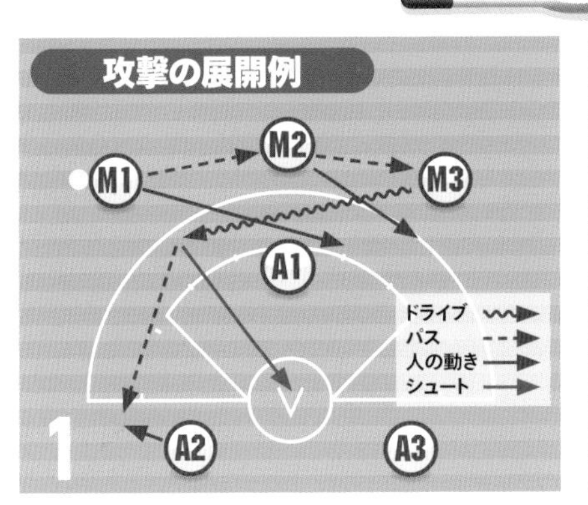

M1からM2 、M2からM3にパスを展開してM3が起点となる場合、M1とM2はクリーンアウトしてスペースを作る。M3がシュートできない場合はA2がサイドに広がりパスを展開する。

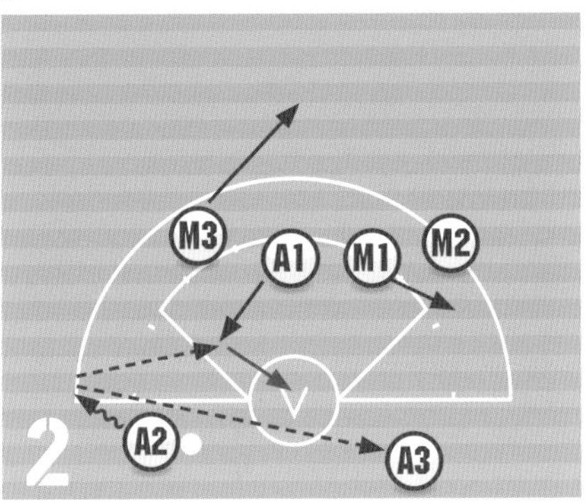

A2に合わせA1がカットインを狙う。フィードができなければ、A3にパスを展開する。その間にM1はM2のディフェンスにピックする。M3はトップ中央に広がる。

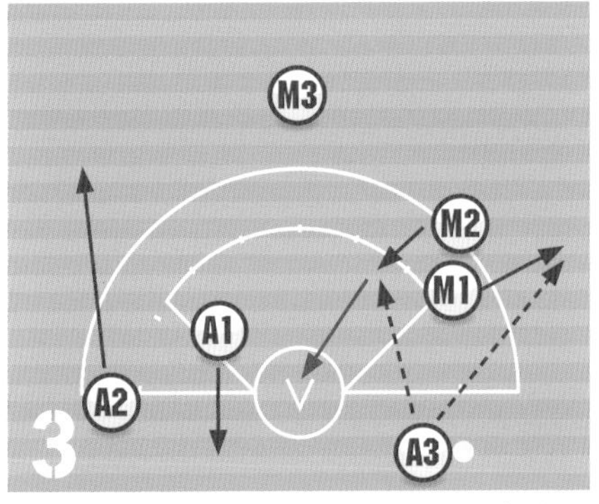

A3に合わせM2はカットインし、M1はサイドに広がる。A3はM2にフィードができなかったらM1にパスを展開する。その間にA1は裏に移動し、A2はトップサイドに広がる。

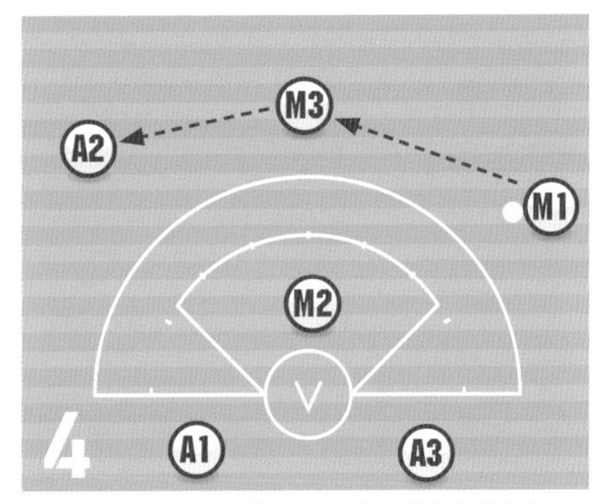

再びM1からパスを展開して、二次攻撃を仕掛ける。

スケルトンで展開の練習を行い、クリーンアウトするトップ2人のディフェンスがスライドできないように、行く方向やタイミングを合わせる。

- 横断1on1のスペースができているか
- どのポジションの動きも理解できているか

すべての基本になるマンツーマンディフェンス

ボールを持った相手はシュート角度が狭いほうへ流す

ラクロスのディフェンスシステムの基本になるのが、このマンツーマンディフェンスになる。またこのディフェンスは、相手がボールを持っている場合と持っていない場合で対応が変わる。ボールを持っている相手には、相手との距離を自分の腕の長さ程度にするようにして接点を持ち、自由にボールコントロールさせないようにする。腰を落として重心を低くキープすることも重要だ。コートを縦に2分割し、右側か左側かで相手を流す方向が変わり、よりシュート角度が狭いほうに相手を流していく。

ボールを持った相手へのディフェンス

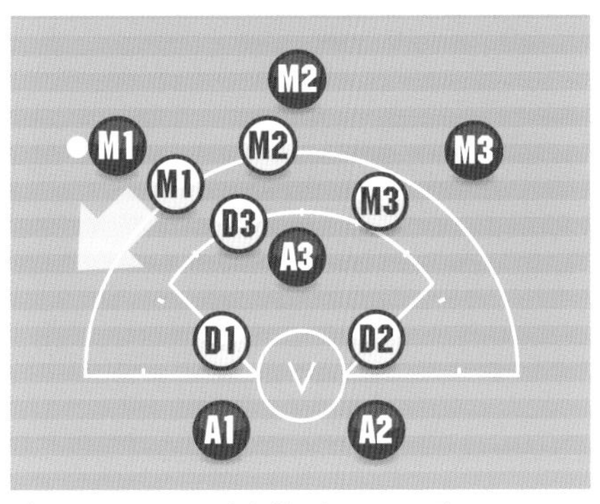

ボールはセンターよりも左側にあるので、ディフェンスM1は相手を左側に流すように守る。11m扇の直線ラインよりも外に流したらシュートを打たせ、ゴーリーにセーブさせる。

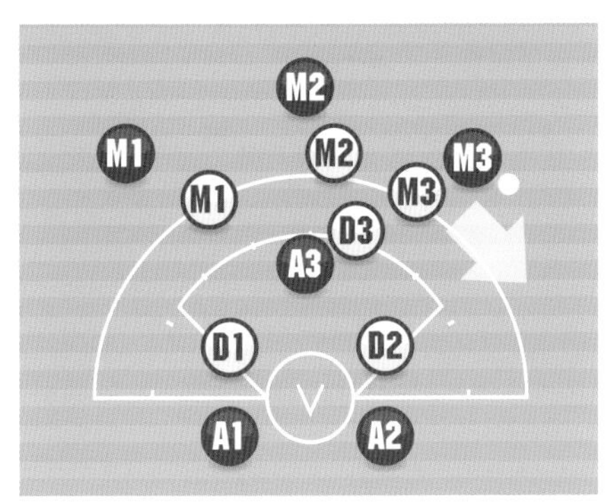

ボールはセンターよりも右側にあるので、ディフェンスM3は相手を右側に流すように守る。11m扇の直線ラインよりも外に流したらシュートを打たせ、ゴーリーにセーブさせる。

ボールを持たない相手へのディフェンス

ボールを持っていない相手へのディフェンスは、ボールマンが近いか遠いかで対応が変わる。ボールマンが近い場合は、パスコースにクロスを出して（クロスアップ）遮断する。またパスに素早く反応するために、クロスのヘッドをボールマン側に向けることがポイントだ。ボールマンが遠い場合は、マークマンと少し距離を取って全体を視野に入れ、ボールマンとマークマンの直線上よりもゴール側に絞ったポジションを取る。3秒のファールに注意。

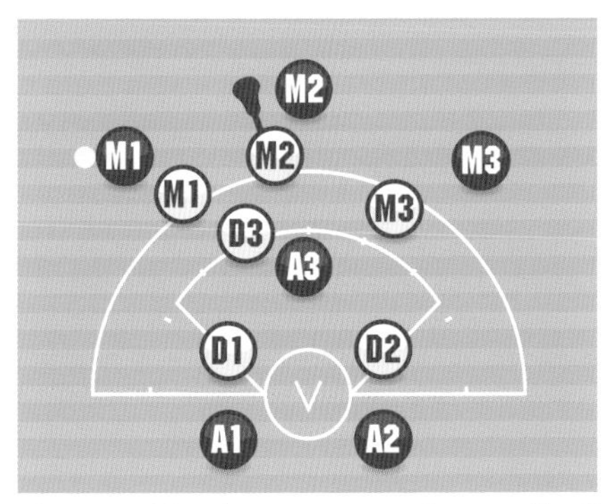

ボールマンに近いディフェンスM2は、ボールマン側にポジションを取り、クロスをパスコースに出してパスを遮断する。マークマンに裏を取られないように注意する。

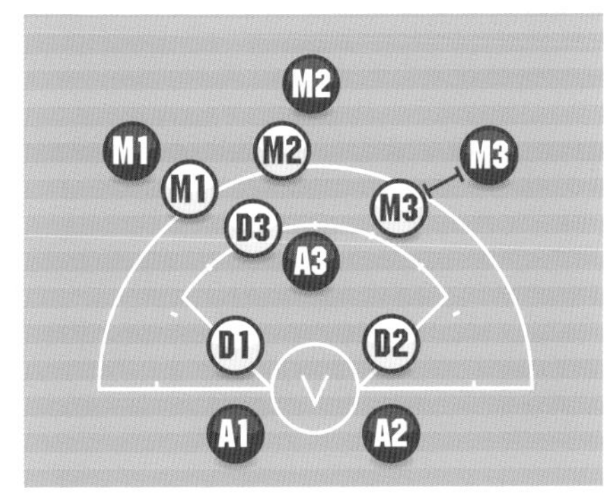

ボールマンから遠いディフェンスM3は、マークマンとある程度の距離を取り、全体を視野に入れる。得点のチャンスになりそうな場所や選手をケアする。

決められたエリアを守る ゾーンディフェンス

味方同士の戦術理解やコンビネーションが重要

ゾーンディフェンスは、得点される可能性が高い11m扇付近のエリアを守ったり、攻撃できるエリアを絞ることが目的になる。効果的にボール周辺を守れるが、速いパス展開に弱いなどのリスクもある。また「チーム」で守るため、味方間の戦術の理解とコンビネーションがポイント。マンツーマンディフェンスとの一番の違いは、マンツーマンが「人」を守るのに対して、ゾーンは「エリア」を守るということ。「あらかじめ決められた担当エリア」を守り、エリアに入ってきたオフェンスをディフェンスする。

ゾーンディフェンスの基本

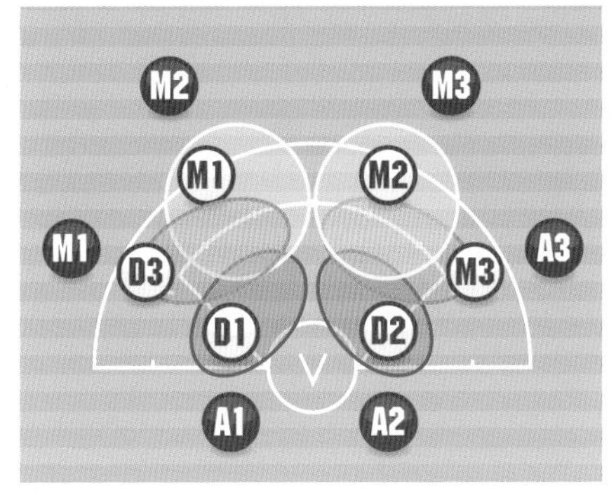

ゾーンディフェンスでは、自分の担当場所を守る。D1・D2のディフェンスエリアは赤丸になる。さらにD3・M3のディフェンスエリアは橙丸で、M1・M2のディフェンスエリアは黄丸になる。

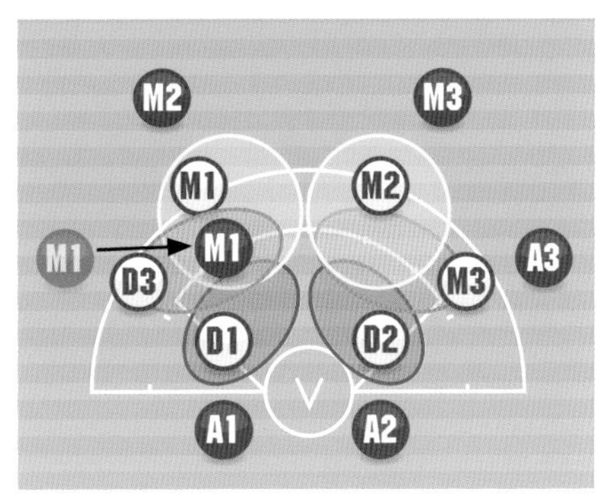

円の重なるエリアに、オフェンス選手が入った場合は、エリアを担当する2人、または3人でコミュニケーションを取り、担当を決める。図の場合、D3とM1でコミュニケーションを取り、D3が担当する。

1対複数の状況を作り出す

ゾーンディフェンスでは「ボールの位置」を最重要と考え、エリアを守る選手たちは11m扇の外側を、ボール方向にスライドする。そうすることで、「1対複数」の状況を作り出し、オフェンスがゴール前まで侵入することを防げる。 さらに、ゾーンディフェンスは基本的に決まったエリアでのディフェンスになるため、ボールを奪取した後にはオフェンスへのスムーズな移動もできる。

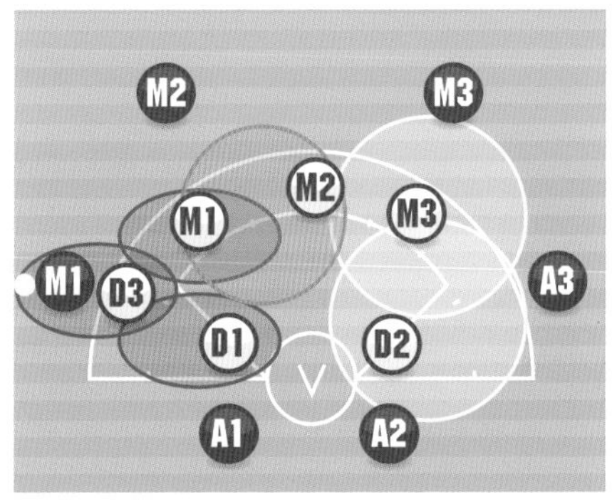

ボールの位置にディフェンスを寄せていく。オフェンスM1がボールを保持している場合、D3はM1のディフェンスを担当し、他の5人はボールサイドにスライドする。ボールから遠いディフェンスは、1人でオフェンス2人をカバーするように広く守る。

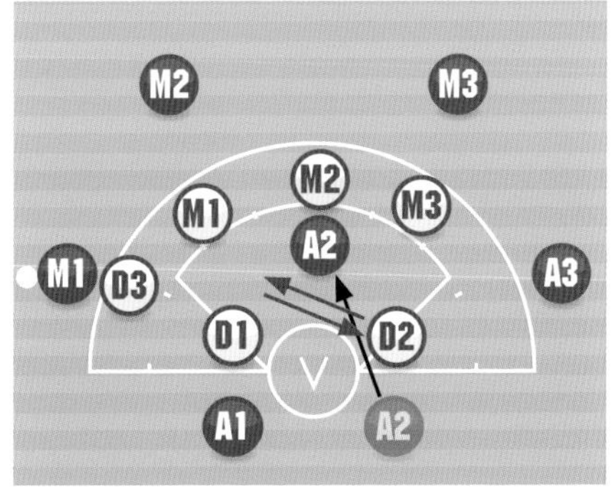

オフェンスA2がカットインをしてきた場合、まずはD2がマークを担当する。その後ディフェンスM2のエリアに入るので、M2とコミュニケーションを取り、確実に受け渡しをして自分の担当エリアに戻る。

フリーから確実に得点を狙うパワープレー(3-2-1)

連続性のある攻撃を展開する

相手チームの反則によって、ディフェンスの人数が減った場合に使うセットプレー。

このセットプレーではオフェンスの人数が多い状態になるため、確実にフリーの状況を作って得点を狙うことが目的になる。

ポイントとなるのは、ボールのパス展開やドライブに合わせて、それぞれの選手が決められた動きを行うこと。また、フリーの状態から積極的にフィニッシュを狙いにいくことも大切である。右の図のようにいくつかの決め所となるポイントを作り、連続性のある攻撃を展開していく。

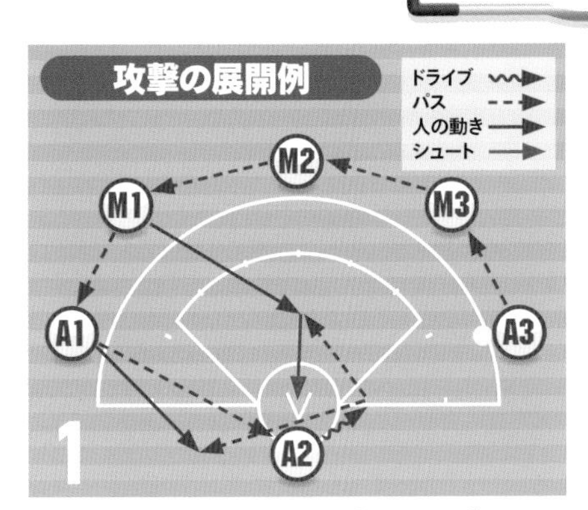

A3からA2までパスを回す。A2が裏からドライブしたらセットプレーのスタート。A2のドライブに合わせM1がカットイン、A1は裏に移動する。A2はM1がフリーならフィード、ダメならA1にパスを展開する。

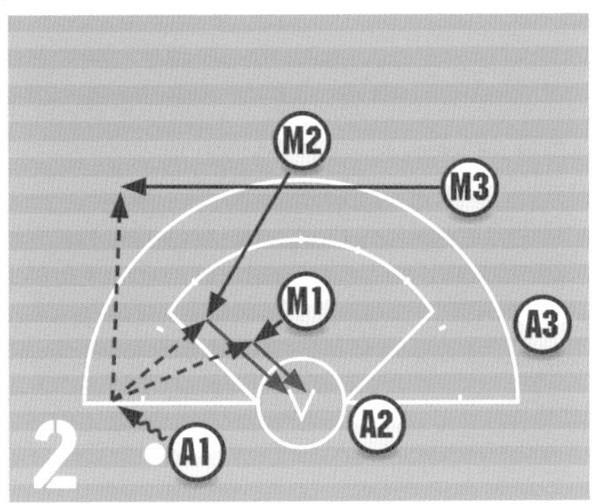

A1はサイドにドライブする。それに合わせ、M2はカットイン、M1も再度カットイン、M3はサイドチェンジする。A1はM1かM2がフリーであればフィード、ダメならM3にパスを展開する。

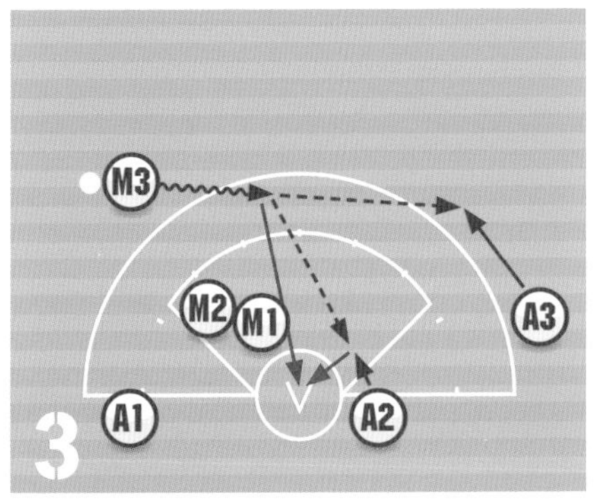

M3はスペースがあればシュートを狙い、A2が空いていればシュートパス、ダメな場合はA3にパスを展開する。A3は上に移動しておく。

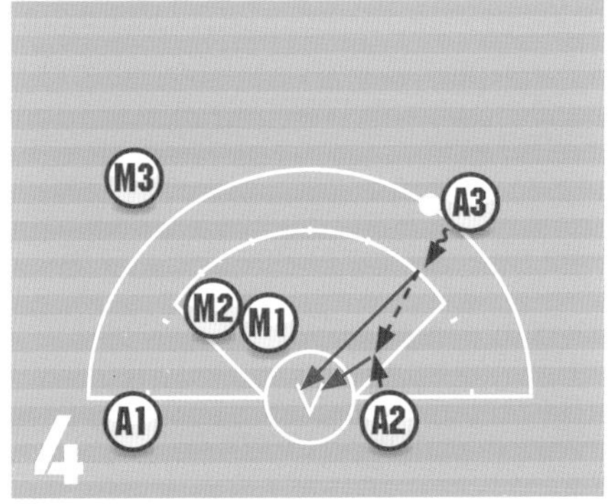

A3はゴールに向かいシュートを狙う。下のディフェンスが出てきたらA2にパスを展開して、A2がフィニッシュする。

選手たちの特徴を生かした展開を考えたり、シュート決定率の高い選手をフリーにする。

- **連続性のある攻撃ができているか**
- **フリーの状況をうまく作れているか**

オフサイドルールを利用したクリア

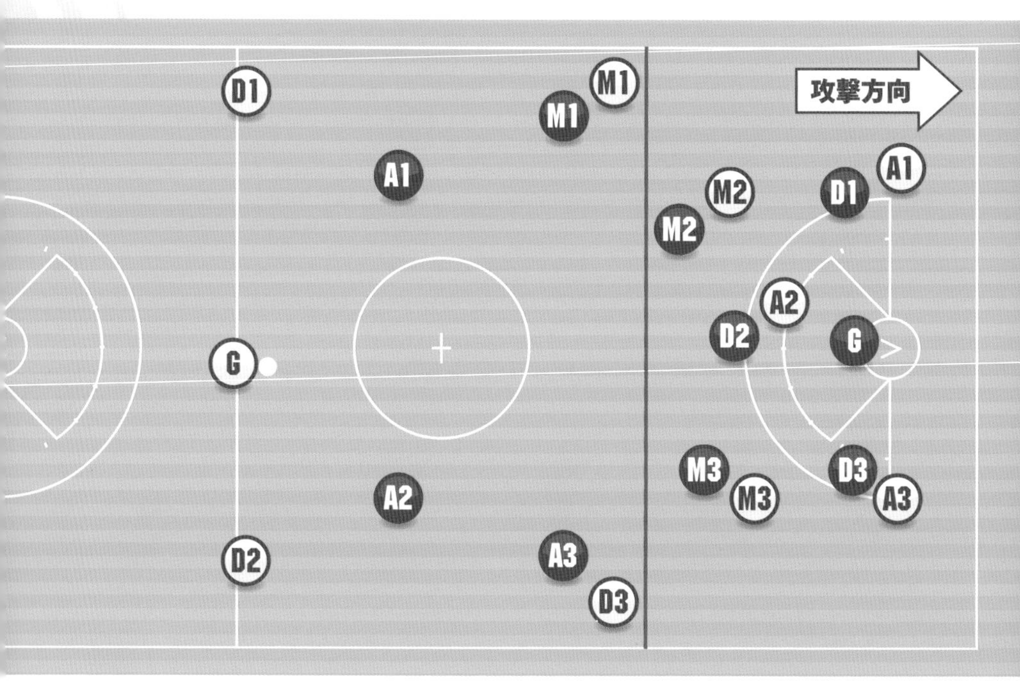

1 オフェンス（クリア）側は、図のようにリストレイニングライン（赤）よりも前にAT3人とMF2人の計5人が入る。残ったMF1人とDF3人、G1人でクリアをする。GとD1、D2は横のラインを揃えてはポジショニングする。M1とD3はリストレイニングライン（赤）のギリギリにポジショニングする。

100%のクリアが絶対条件

クリアはゴーリーを含めて行うことで、ライドの人数よりも1人多い状態になる。そのため、100%成功させなければならない。

優先順位としては、確実にクリアを成功させることだが、可能であればファーストブレイクを狙っていく。

ここではオフサイドルールを利用したクリアの方法を紹介する。ディフェンス（ライド）は守備サイドのリストレイニングライン（赤線）よりも攻撃サイドに3人残らなくてはならないというルールがある。このクリア例は、そのルールを利用した方法になる。

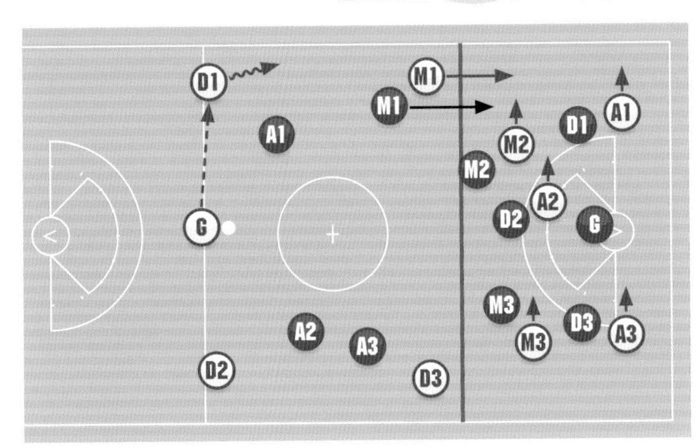

2

GからD1にパスを出し、D1はドライブする。それに合わせ、M1はリストレイニングライン越えてパスをもらう動きをして、ライドM1をリストレイニングエリアに入れる。さらに、リストレイニングエリアにいる5人もボールサイドにより、相手ライドを左サイドに寄せる。

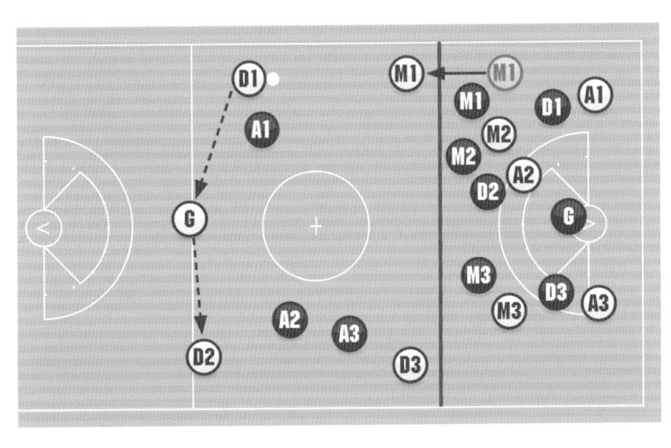

3

D1はGにパスを戻し、GはD2にパス。その間にM1は全力でラインを越えて戻り、ライドM1がリストレイニングエリアに残っているようにする。ライド側の人数を3人（A1・A2・A3）、クリア側を5人（G・D1・D2・D3・M1）にすることで、左サイドM1、右サイドD3のどちらもラインを越えることができる。

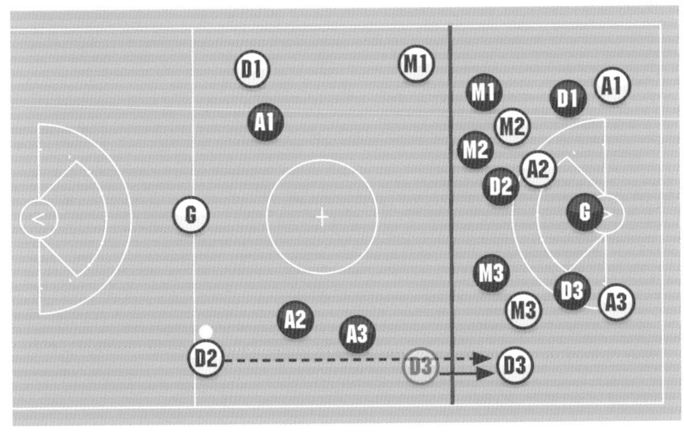

4

M1がリストレイニングラインを越えた瞬間に、D3はリストレイニングラインを越えてパスをもらう。ライドA3はリストレイニングラインを越えるとオフサイドの反則になるので、D3について行くことができない。D3はフリーになるので、確実にクリアを成功させることができる。

アタックを含めたオールコートディフェンス（ライド）

ライドの例①

1 ATはゾーンライド。MF・DFはマンツーマンライド。Gはゴールマウス 。 MFとDFは相手のMFとATにパスを投げられないようにシャットアウトする。 AT3人で相手のDF3人とGの4人からミスを誘い、 ボールを奪う。

相手の攻撃値の高いクリアを防ぐ

ライドは、アタックを含めたオールコートディフェンスのこと。クリア側はゴーリーも加わるため、 100%の成功が必然になる。

一方でライド側はクリアの成功率を、 100%から80%や70%に低下させられたら充分になる。そのためライド側は、 相手クリアの成功方法で「されてはいけないこと」を決める。例えば、「ブレイクを作られない」、「アタックにボールを保持されてクリアされない」、「ミッドフィルダーにボールを保持されてクリアされない」など、相手の攻撃値が高い方法でクリアをされないこと。

AT・MFはゾーンライド。DFはマンツーマンライド。Gはゴールマウス。DFは相手のATにパスを投げられないようにシャットアウトする。AT3人とMF3人の6人でゾーンを作り、そこにボールマンが侵入してきたときやパスを投げたときに、プレッシャーを与えミスを誘いボールを奪う。図ではゾーンの位置が、ATは敵陣リストレイニングライン、MFがセンター付近になっているが、ATをセンター付近、MFを自陣リストレイニングラインに配置してもよい。

AT・MF・DFはゾーンライド。Gはゴールマウス。9人でゾーンを作り、そこにボールマンが侵入してきたときやパスを投げたときに、プレッシャーを与えミスを誘いボールを奪う。図ではゾーンの位置が、ATは敵陣リストレイニングライン、MFがセンター付近、DFが自陣リストレイニングラインになっているが、ATをセンター付近、MFを自陣リストレイニングライン、DFをリストレイニングラインとゴールの間に配置してもよい。

AT・MF・DF・Gの10人がマンツーマンライドを行う。Gが相手ATを1人、余るDFが相手MFを1人、余るMFが相手DFを1人、余るATが相手Gを捕まえ、全選手にプレッシャーを与えることができるので、相手のミスを誘いやすいが、ボールマンに抜かれたり、パスを通されたりすると失点に繋がりやすい。ライド1on1が強いチームや格下相手では通常から使うこともできる。残り時間が少なく、負けている場合に使用することもある。

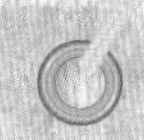

COLUMN

マウスガードの効果とカスタムメイドの選択

競技の中で義務化されているものにマウスガード（以下MG）があり、汎用性の高い市販のものと一人ひとりの歯型に合わせたものがある。

このMGだが、プレー中の選手の接触、クロスの接触、転倒などによる直接的な衝撃から歯や頬粘膜、舌を守ることに圧倒的な効果を発揮する。それだけではなく、顎や頭部に受けた衝撃を和らげ、骨や脳への伝導を抑え、骨折や脳震盪を軽減する効果もある。さらには、よい姿勢の保持にも影響があるため、ルックアップを助けたり、広い視野を持つことにもつながる。

このような重要な効果があるMGだが、じつは多くの選手が汎用性の高い市販のMGを使用している。意外と知られていないのかもしれないが、市販のMGだと、先ほど挙げた重要な効果が、歯型に合わせたMGの1/10程度になってしまうのだ。

MGが最大限の効果を発揮するためには、口のなかでズレないことと、適正なかみ合わせを与えられていること。ところが市販のものは、チューインガムのように口のなかで自由に動いてしまう。

個人の歯型にあったカスタムメイドMGはもちろん市販のものより高価（※）になるが、障害予防やプレーのパフォーマンスに大きな影響を与えるため、できるだけカスタムメイドを選択してもらいたい。

カスタムメイドがオススメ！

※市販のものは数百円から3千円程度、カスタムメイドは購入場所にもよるが5千円から2万円程度。

LACROSSE

PART 5

さらにワンランク上を目指すトレーニングメニュー

チームの攻撃力を上げたり、守備力を鍛えるなど、実践に即した形でできる練習方法を紹介する。どの練習も決まった手順通りにやるのではなく、常に実践を想定したり、相手の動きに応じてプレーをしてもらいたい。

TRAINING1

オープンスペースを使った展開練習（ブルーイン）

ブルーインは、オープンスペースを使ってボールを展開する動きを覚えたり、質を高めることが目的の練習になる。まずは素早く確実にボールを運ぶことを覚え、動きに慣れてきたらより素早く展開したり、ディフェンスを想定して実践的な動きを入れていく。

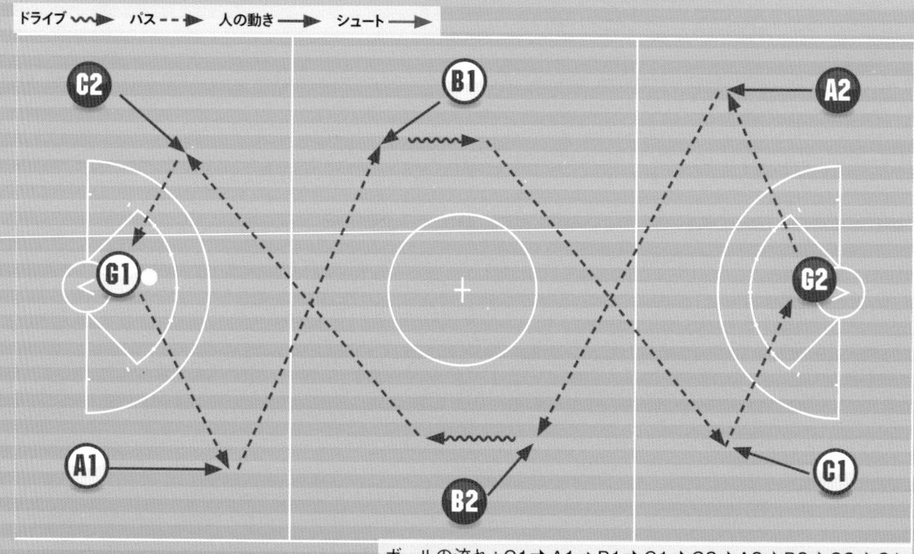

動きのポイント

1. 選手は集中し、視野取りをおこなう
2. ネクストを呼び、オンボールを呼ぶ
3. A・Cのラインはゴールラインより後ろで待つ
4. すべてのエリアでパスとキャッチの訓練する
5. パス後はダッシュで次の場所に移動（C⇒A）
6. 待ってる選手が多い際はボールを追加

TRAINING2

パス展開の予測からブレイクを作る（エイトライン）

この練習の目的はパスの展開を事前に予測して動き、ブレイクを作ることを考えて動くこと。そのため、選手は2つ前のパスから動きだす。図はあくまでも例であり、この通りに決められた方向へのパスに対応するだけでなく、方向やスピードの緩急をつけること。

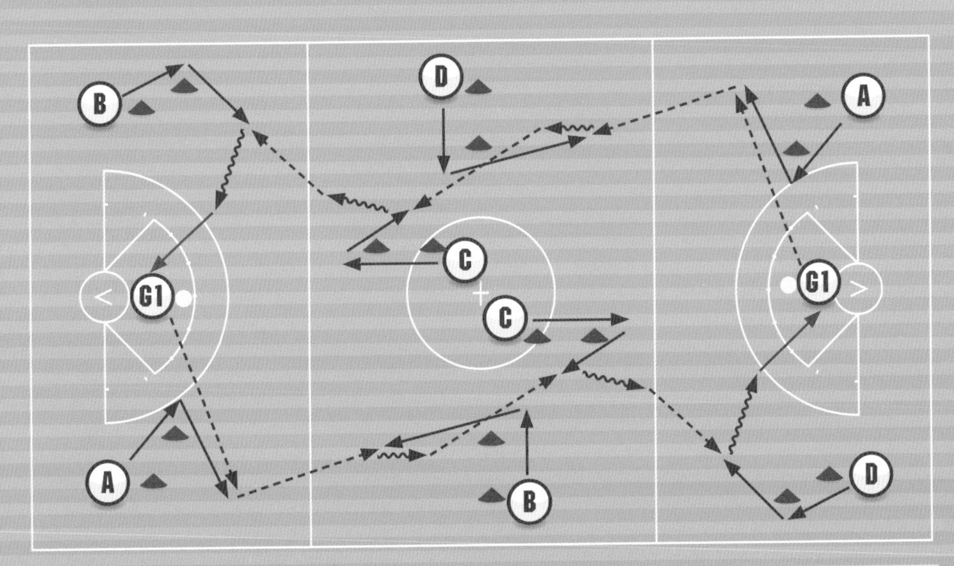

動きのポイント

1. マーカーからマーカーまでダッシュし、素早く切り返す
2. パスを予測して常に動き続ける
3. ゴーリーから始め、流れが悪ければボールを追加する
4. 選手はパスをしたら次のラインの最後尾まで移動

TRAINING3

パスと同時にダッシュして移動する(パス&ゴー)

パスを出した後に足を止めず、走ってポジションを移動する動きを習慣化することが目的である。パス前後のポイントの状況を常に見ることが大切だ。パスを出した選手はすぐにダッシュをして、投げた反対の列や投げた列など事前に決めた位置に並ぶ。

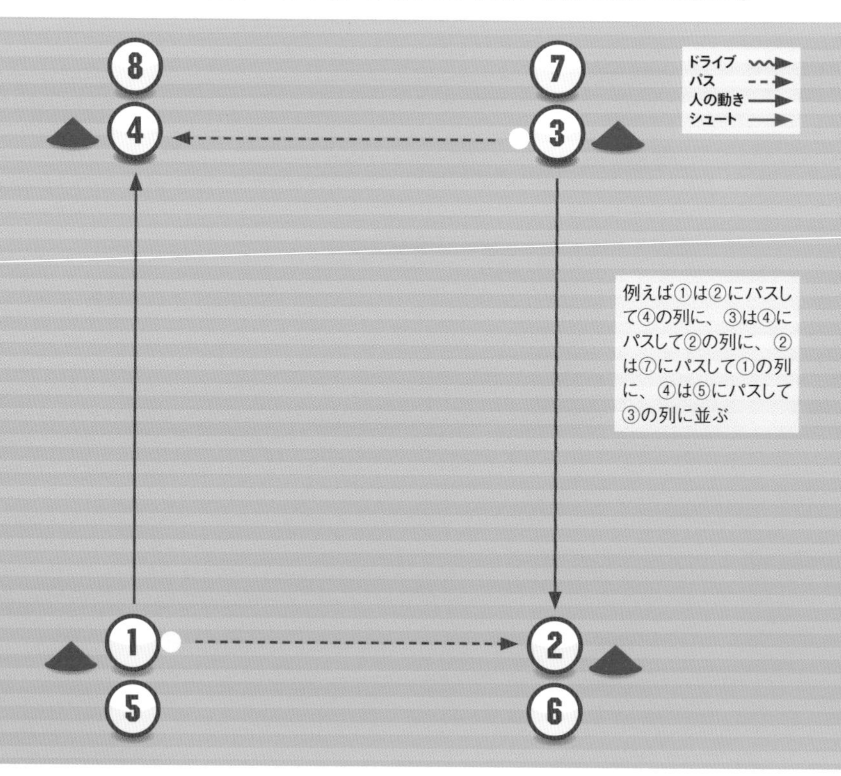

動きのポイント

1. 8人1組になってボールを2個使う
2. ネクストを呼び、オンボールを呼ぶ
3. パス後はダッシュで次の場所に移動

TRAINING4

ダッシュしながら狙った方向へパスを出す（Lドリル）

試合では、走っている方向と違う方向にパスを出すことが圧倒的に多くなる。この練習の目的はこの動きで、走るベクトルと投げるベクトルを変えることにある。理想は走る勢いを弱めずに、確実に狙ったところへ意図したスピードでパスを出すことだ。

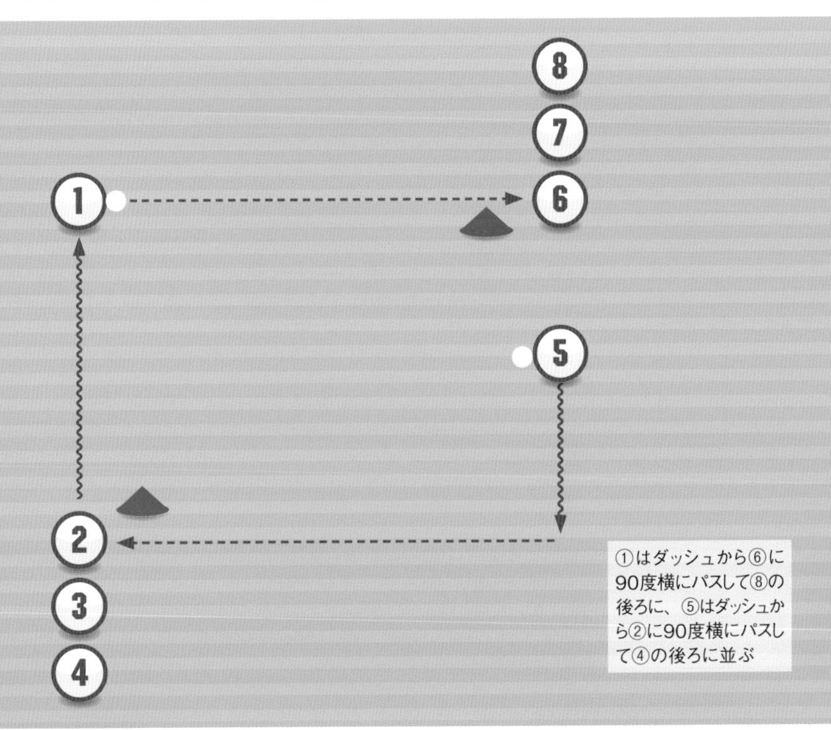

①はダッシュから⑥に90度横にパスして⑧の後ろに、⑤はダッシュから②に90度横にパスして④の後ろに並ぶ

動きのポイント

1. 全力でダッシュをする
2. 進行方向に対して90度横に投げる
3. 相手が構えている場所にパスする
4. パスをもらう前に次の状況を見る

TRAINING5

常に状況判断をし数的有利を活かす（スクランブルドリル）

この練習では、オフェンス、ディフェンスともに練習に参加する人数が不規則になる。そのため、常に周りのプレイヤー人数や状況などを把握し対応することが大切であり、練習の目的になる。特に自分たちが数的優位の場合は、より攻撃的に仕掛けること。

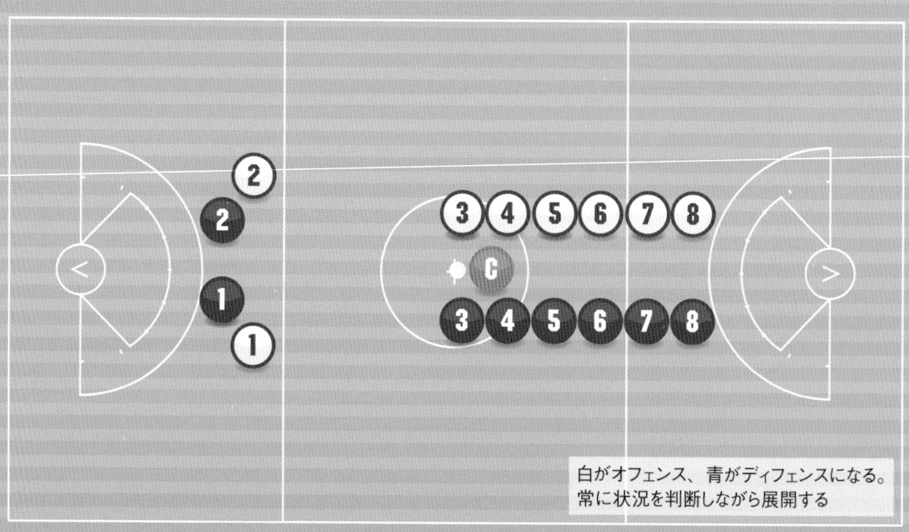
ドライブ
パス
人の動き
シュート
2
2
1
1
3 4 5 6 7 8
C
3 4 5 6 7 8

白がオフェンス、青がディフェンスになる。
常に状況を判断しながら展開する

動きのポイント

1. 各選手は、コーチに肩を叩かれたらプレーに参加する
2. ボールは、コーチがパスやグランドボールで出す
3. ゴール前にいるOFとDFはともに指示を出す
4. オフェンスの数的優位はブレイクで得点する
5. ディフェンスの数的優位はダブルでボールを奪う

TRAINING6

プレッシャーのなかでシュートを決めきる（シューティングドリル①4ポイント）

ゴール前では、狭いエリアでディフェンスからプレッシャーを受けることが当たり前である。この練習では、ディフェンスからプレッシャーを受けた状態でもシュートを打ち、ゴールを決めきることが目的になる。数的優位をうまく使うこと判断力も重要だ。

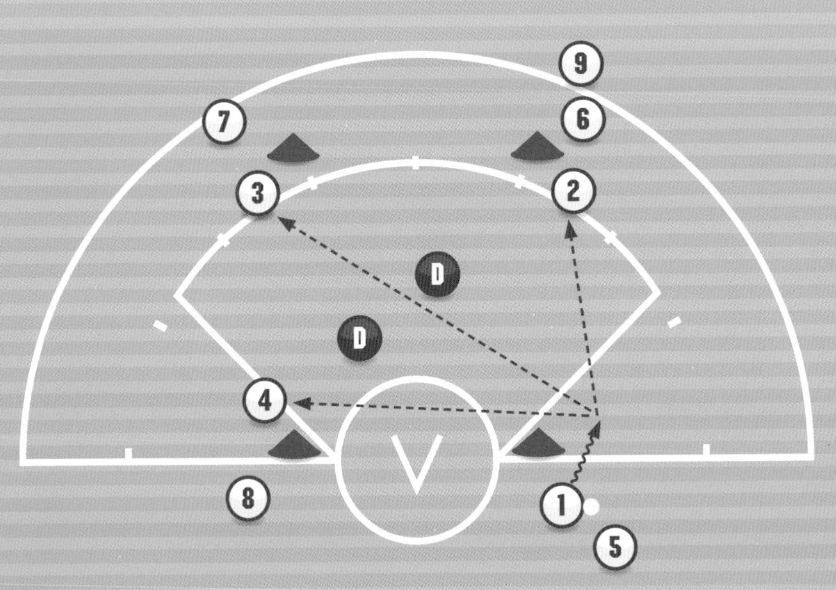

白がオフェンス、青がディフェンスになる。常に状況を判断しながら展開してシュートを決めきる

動きのポイント

1. 4ヶ所にポイントを作り、1ヶ所はパス出し、残り3ヶ所がオフェンス
2. ディフェンスは2人
3. パス出しした人はオフェンスには加わらない（3on2）
4. パス出しは試合を意識して動きながら行う
5. それぞれのポイントから5分ずつパスを出し、4ヶ所行う

TRAINING7

タイミングを合わせてシュートを決めきる（シューティングドリル②スクエア）

ディフェンスからのプレッシャーを受けながらシュートを決めきることが目的である。また試合を想定して、それぞれの選手が全力でプレーをすることと、シュートミスやフィードミスをカバーする意識を常に持ってプレーすること。

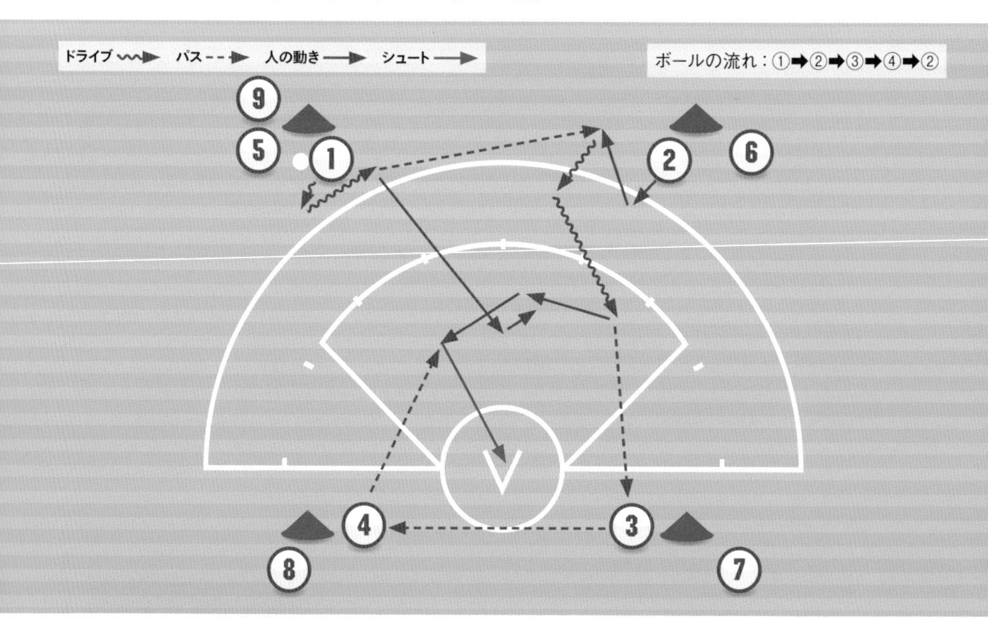

動きのポイント

1. ①からスタートで、ロールなどダッヂをして②にパスを出す
2. ②はVカットを行いボールをもらい、1on1を仕掛け、③にパス
3. ③にボールが出た時に、①はカットインをして、その後②にピックに行く
4. ③は①の動きを見て④にパス
5. ④に合わせ②がカットインをする
6. ④は②へフィードし、②はシュートする
7. シュートリバウンドやフィードミスに素早く対応する

TRAINING8

動きを駆使してゴールを狙う（シューティングドリル③スパゲッティ）

これもプレッシャーのなかでシュートを決めきることが目的で、試合を想定したゴール前の練習になる。オフェンスはピックやカットシュート、フィードなどを、ディフェンスはポジショニングやスイッチ、パスカットなどの動きを意識して練習すること。

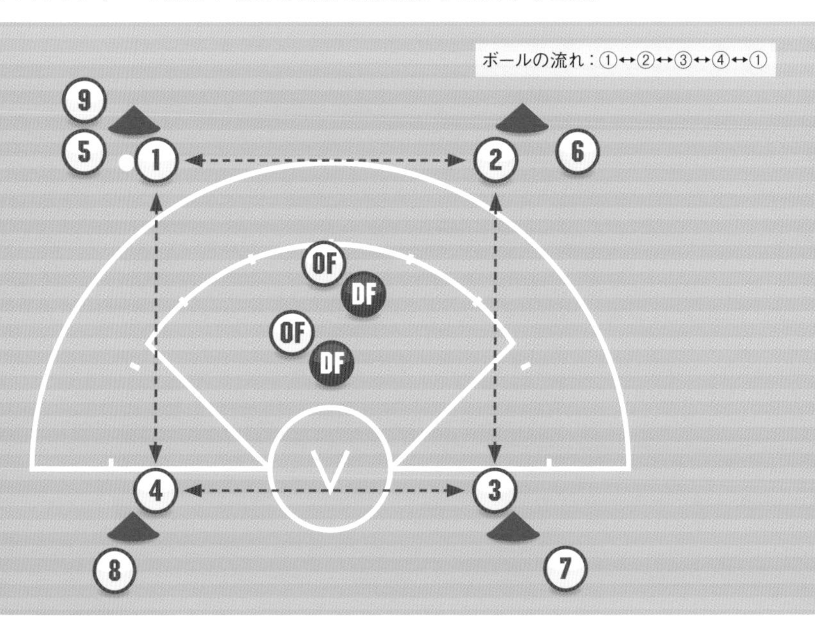

動きのポイント

1. 1セット30秒で、シュートが決まっても続ける
2. アウトサイドの4人で自由にパスを展開する
3. ゴール前にオフェンス2人とディフェンス2人が入る
4. インサイドオフェンスはアウトサイドでのパス展開に合わせ、ピックやカットを行う
5. フリーを作りシュートする
6. アウトサイドの選手はフィードを練習する
7. シュートリバウンド、キャッチミスに素早く対応する

TRAINING9

数的優位を活かしてシュートを決めきる
(シューティングドリル④カナディアン3on2)

ゴール前でオフェンスが数的優位の状態での練習。オフェンスはフリーの状態で早いフィニッシュを目指し、ディフェンスの1人はボールマンへのプレッシャーでシュートやパスを自由にさせないこと、もう1人はパスカットを狙うなどをしながら時間を稼ぐ。

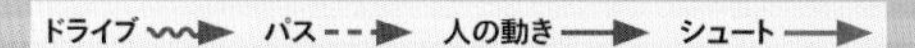

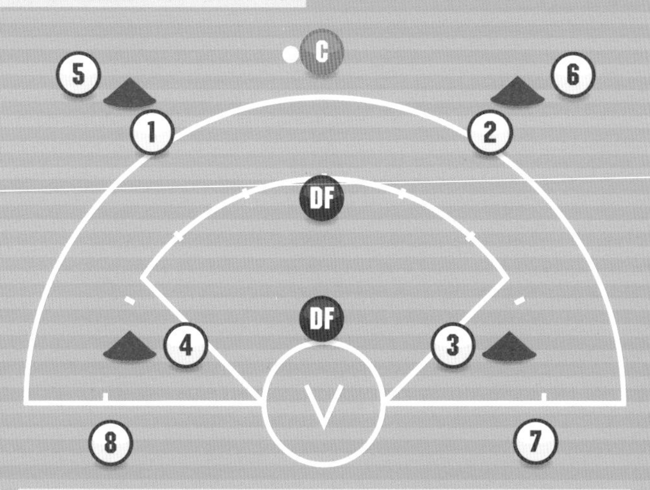

オフェンスは数的優位を活かして攻め、ディフェンスは数的不利な状況で耐える

動きのポイント

1 1セットはパス出しからシュートで終了

2 オフェンスは4人いるので、パスが出た対角の選手は休み(①にパスが出たら③が休み)

3 オフェンスは休みになった選手のスペースを利用して、早く簡単にフィニッシュする

4 ディフェンスはGとコミュニケーションを取りながら、シュート角度の広いところでシュートさせない

TRAINING10

ディフェンスをスライドさせてシュートを決める（シューティングドリル⑤4on3 スクエア）

オフェンスが数的優位の状態でのゴール前練習になる。オフェンスは人数が多いのでフリーの状態で早くフィニッシュできるようにし、ディフェンスはボールマンへのプレッシャーでシュートやパスを自由にさせないこと。残り2人はローテーションして守る。

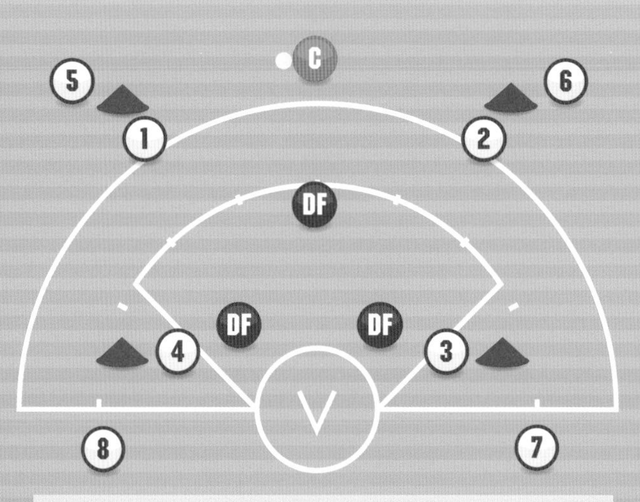

ボールマンにプレッシャーにいく以外のディフェンスはローテーションして守る

動きのポイント

1. 1セットはパス出しからシュートで終了
2. オフェンスは4人、ディフェンスは3人
3. オフェンスは2on1を作り、ディフェンスをスライドさせゴールに近いところでフィニッシュできるようにする
4. ディフェンスはGとコミュニケーションを取りながら、シュート角度の広いところでシュートさせない

TRAINING11

ダイアモンドに展開してシュートを狙う（シューティングドリル⑥4on3ダイアモンド）

オフェンスが数的優位の状態でのゴール前練習。オフェンスはダイアモンドへ形が変わるので、早くフィニッシュできるようにし、ディフェンスはボールマンへのプレッシャーでシュートやパスを自由にさせないこと、残り2人はローテーションして守る。

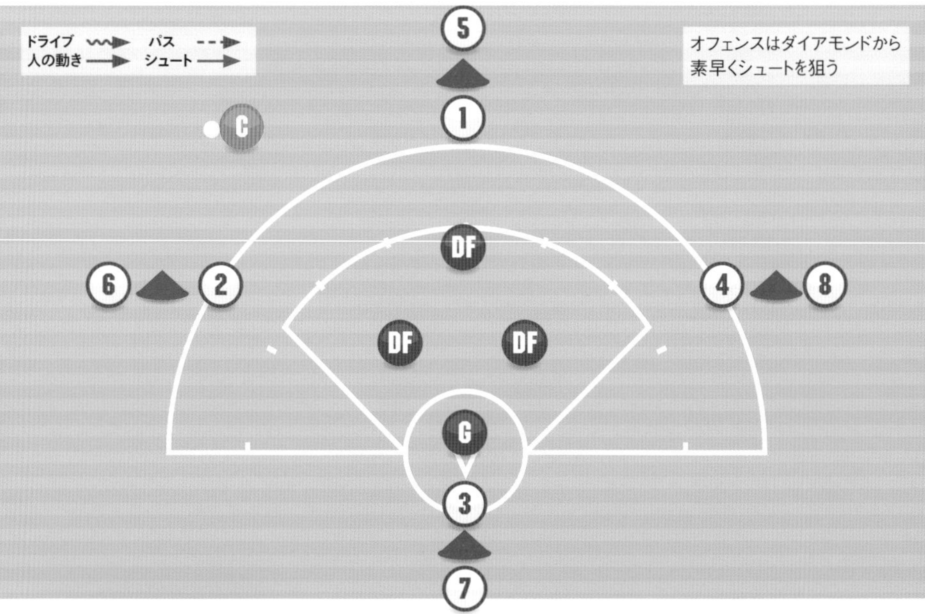

動きのポイント

1 1セットはパス出しからシュートで終了。オフェンスは4人、ディフェンスは3人

2 オフェンスは2on1を作り、ディフェンスをスライドさせゴールに近いところでフィニッシュできるようにする

3 スクエアと違い、ダイアモンドでは裏の選手をうまく使い、早くフィニッシュする

4 ディフェンスはGとコミュニケーションを取りながら、シュート角度の広いところでシュートさせない

TRAINING12

クリースアタックを利用してシュートを決める（5on4）

オフェンスが数的優位の状態でのゴール前練習。オフェンスはクリースアタック（CA）が入るので、そこをうまく利用し、ディフェンスはボールマンへのプレッシャーでシュートやパスを自由にさせないこと、また残り3人でCAの受け渡しをしながら守る。

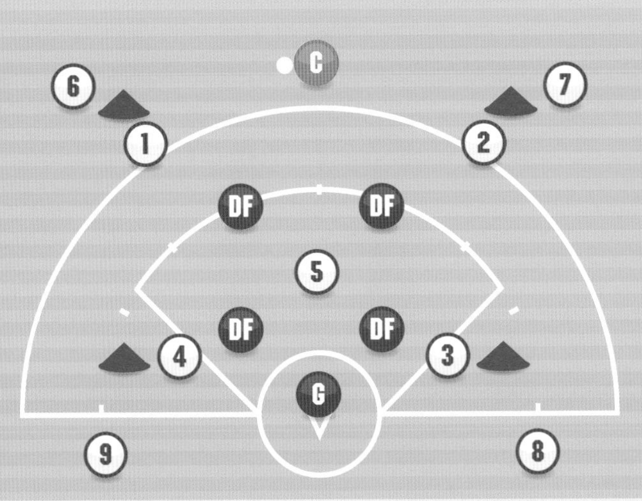

クリースアタックとは、ゴール前の攻撃選手のこと。この動きをうまく利用してシュートを狙う

動きのポイント

1. 1セットはパス出しからシュートで終了
2. オフェンスは5人、ディフェンスは4人
3. オフェンスは2on1を作り、ディフェンスをスライドさせゴールに近いところでフィニッシュできるようにする
4. ディフェンスはCAをどのようにマークするか考える
5. Gとコミュニケーションを取りながら、シュート角度の広いところでシュートさせない

TRAINING13

コミュニケーションを取りながらパスを回す（4スケルトンドリル）

試合での動きをイメージしながら、パスの展開をしていく。とくに重要となるのが、パスをもらう前にパスを出す選手とコミュニケーションを取ること。普段からしっかりとコミュニケーションを取る習慣をつけることで、試合でのプレーの質が向上していく。

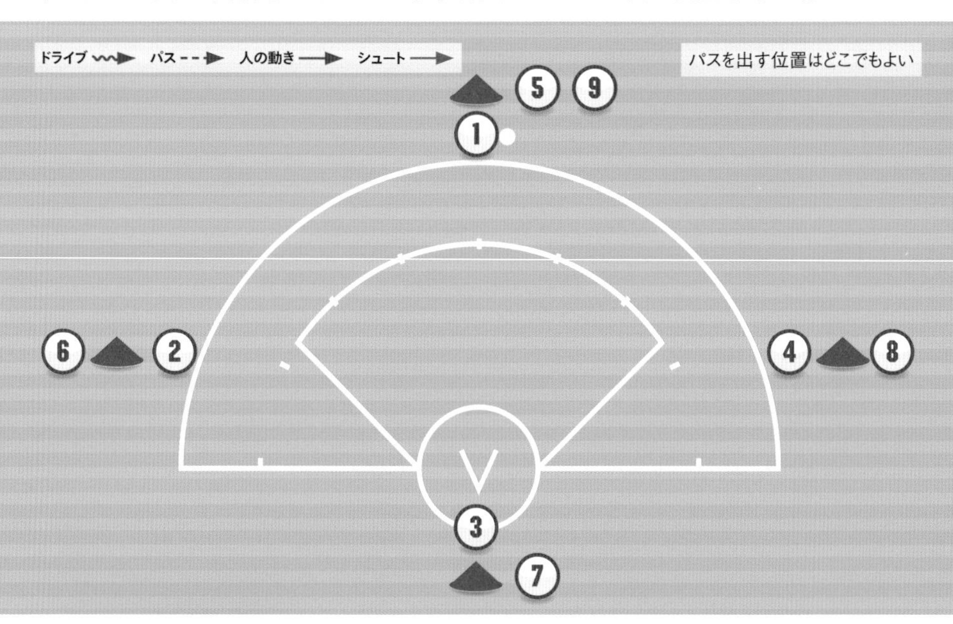

動きのポイント

1. ボールは1つで行う
2. パスをもらう前に次にパスをする相手とコミュニケーションを取る
3. パスを出す位置はどこでもよい
4. パスを投げたら、投げた列の一番後ろに並ぶ。
5. スペースを空ける動きや1on1をイメージして行う
6. パスの距離感が長くならないようにする

TRAINING14

6人1組でパスを回す（6スケルトンドリル）

試合での動きをイメージしながら、パスの展開をしていく。パスをもらう前にパスを出す選手とコミュニケーションを取ること。また止まってパスをもらうのではなく、スペースを空ける動きや1on1をイメージする。いろいろなフォーメーションで行うこと。

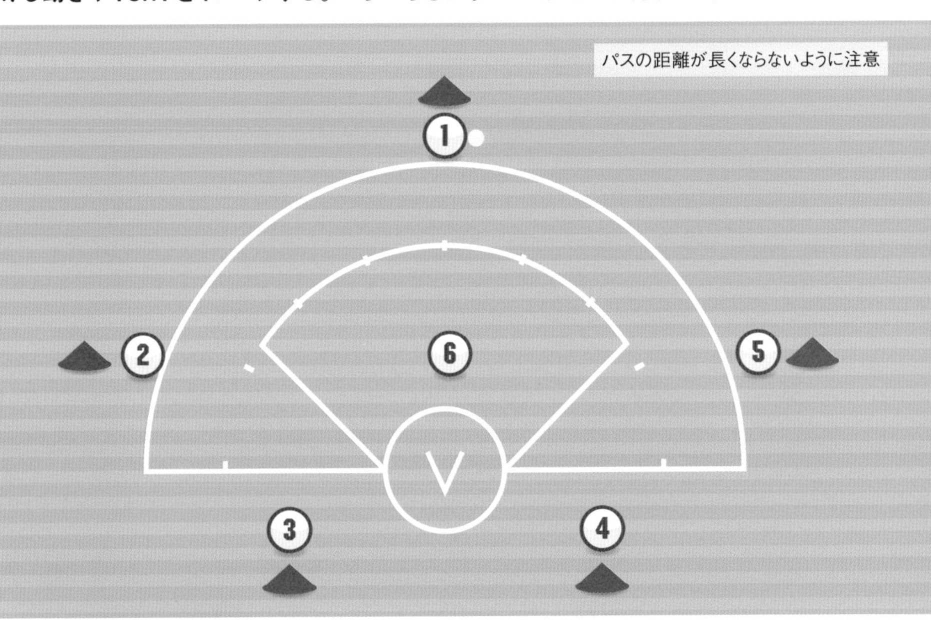

動きのポイント

1. ボールは1つ使い、6人1組で1分間行う
2. パスをもらう前に次にパスする相手とコミュニケーションを取る
3. パスを出す位置はどこでもよい
4. スペースを空ける動きや1on1をイメージして行う
5. パスの距離感が長くならないようにする
6. 図のフォーメーションは1-3-2だが、3-1-2、1-4-1、2-3-1、2-2-2などいろいろな形でのパス展開を練習する

TRAINING15

アタックの2人でプレッシャーをかける（ATライド）

アタック（AT）の２人がディフェンス２人とゴーリーの計３人に対して、スライドしながらプレッシャーをかけていくことが目的の練習である。プレッシャーをかけながら、積極的にボールを奪いに行く。ディフェンスはボールを奪われないようにパスを回す。

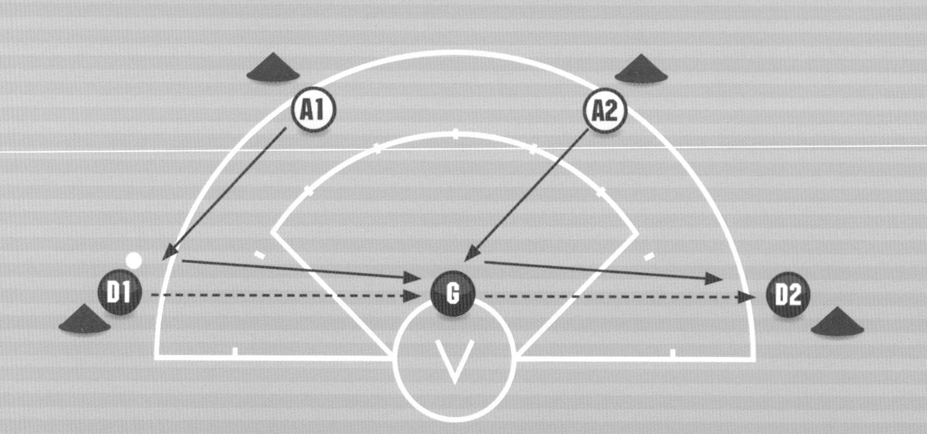

動きのポイント

1. ボールは1つで、30秒間もしくは1分間行う
2. ATはボールマンにプレッシャーに行く。DFとGはあまり動かずにパスを展開
3. A1はD1にプレッシャーに行き、Gにパスが出たところをA2は狙い奪いに行く
4. GがA2のプレッシャーの前にD2にパスを展開したら、A2はD2にプレッシャーに行き、A1はD1からGにスライドする
5. D2からD1にパスが出たら、A1はD1に、A2はGにスライドする（ATは3〜6の動きを繰り返す）

TRAINING16

リストレイニングライン間でボールを受け渡す（MF・DFライド）

リストレイニングライン間で、ミディー（MF）とディフェンスがボールを受け渡す動きの質を高めることが目的の練習である。ライド側はパスが出ないようにディフェンスをするが、もしもクリア側がパスを出したら、ダブルチームでボールを奪いに行く。

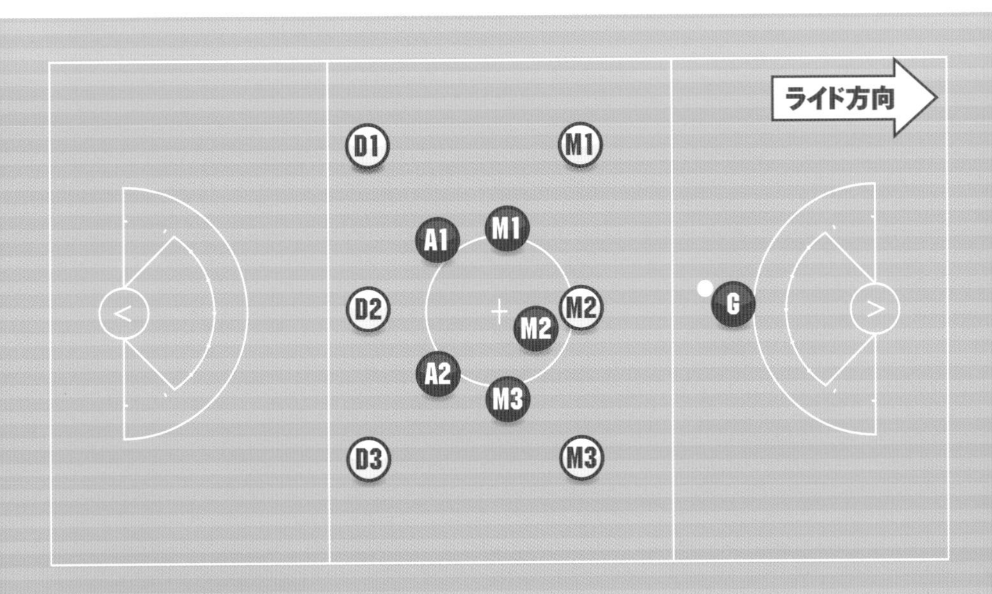

動きのポイント

1. ボールは1つで、30秒間もしくは1分間行う
2. ライドMFとDFは6人でゾーンを作る。クリア側は5人
3. Gもしくはコーチがパスを出す
4. ライド側はパスが出ないように守る
5. クリア側にパスが出た時にはダブルチームで奪う
6. クリア側は相手サイドのリストレイニングラインまでボールを保持してクリアする。クリアされたら、3〜6を繰り返す

TRAINING17

オンサイドにライドを寄せて逆サイドに展開する（クリアドリル）

ボールのオンサイドにライドを引き寄せて、逆サイドに展開する練習。オンサイドの前方のエリアには当然ライドがいる想定になるので、必ずサイドチェンジをしてからクリアをする。ボールの逆サイドに数的優位を作ることでブレイクにもつながる。

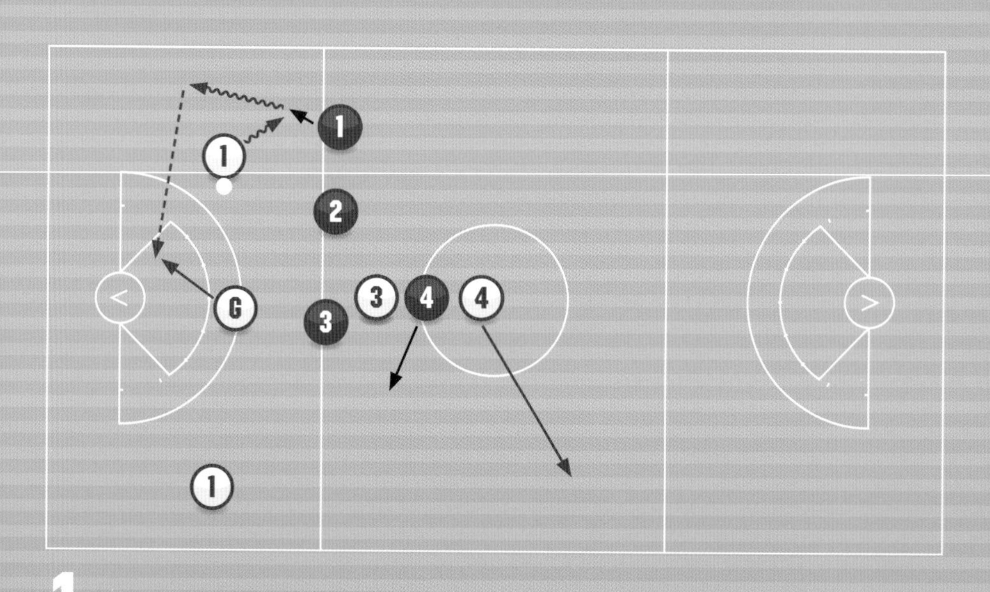

動きのポイント

- **1** ①の場所からスタート。
- **2** ①はサイドライン方向に走り、❶❷を引き寄せる
- **3** ①はライド❸の動きを見てⒼがフリーならパス

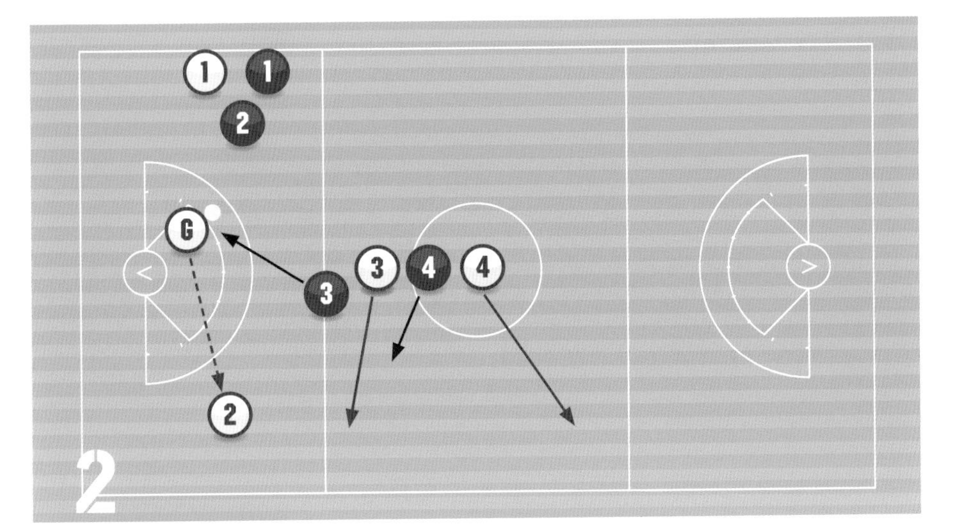

動きのポイント

4 Ⓖは❸がプレッシャーに来たら②にパスを展開する

5 ③と④は②にパスが入るタイミングでカットする

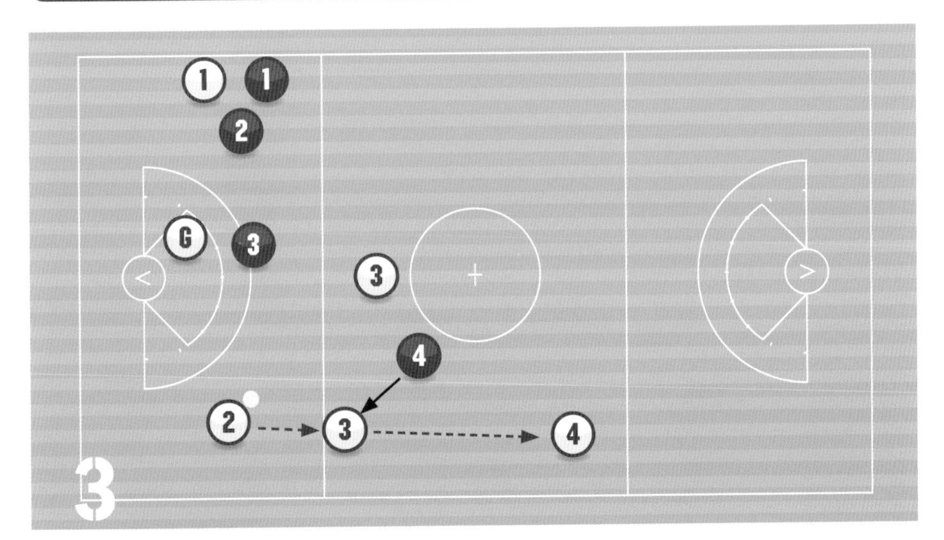

動きのポイント

6 ②は③にパスを展開し、❹を③側に寄せることで、④がブレイクを作れる

7 ③は❹を引き寄せ、④にパスを展開する

TRAINING18

オフェンスとディフェンスを同時に強化する（シャットオフ）

狭いエリア内でのパス展開と守備という、オフェンスとディフェンスを同時に強化する練習になる。オフェンスはマークマンをはがす動きでパスをつないでいく。またディフェンスは、マークマンを遮断することと、ダブルチームでボールを奪いにいく。

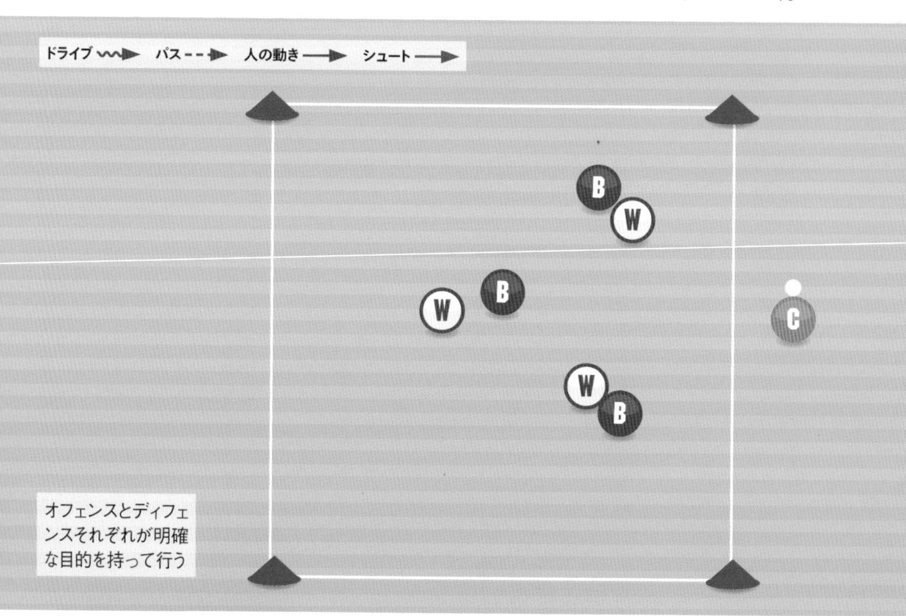

動きのポイント

1. マーカー間は10m、3on3で1分間行う
2. コーチからのパスまたはグランドボールからスタート
3. ボールを獲得した色のチームはパス展開、獲得できなかった方はパスを展開させないディフェンス
4. ボールがマーカーとマーカーを結んだ線を出たら、コーチから新しいボールが出る

TRAINING19

フルフィールドでの攻撃展開（ブレイクアウト）

フルフィールドオフェンスで有効的なスペースとブレイクを作る練習になる。Gからパスを受けたMFは走る方向を変えながら敵陣に向かい、最後はゴール前でフィードを受けてシュートを決める。ディフェンスはつかないが、つねにイメージしながら行う。

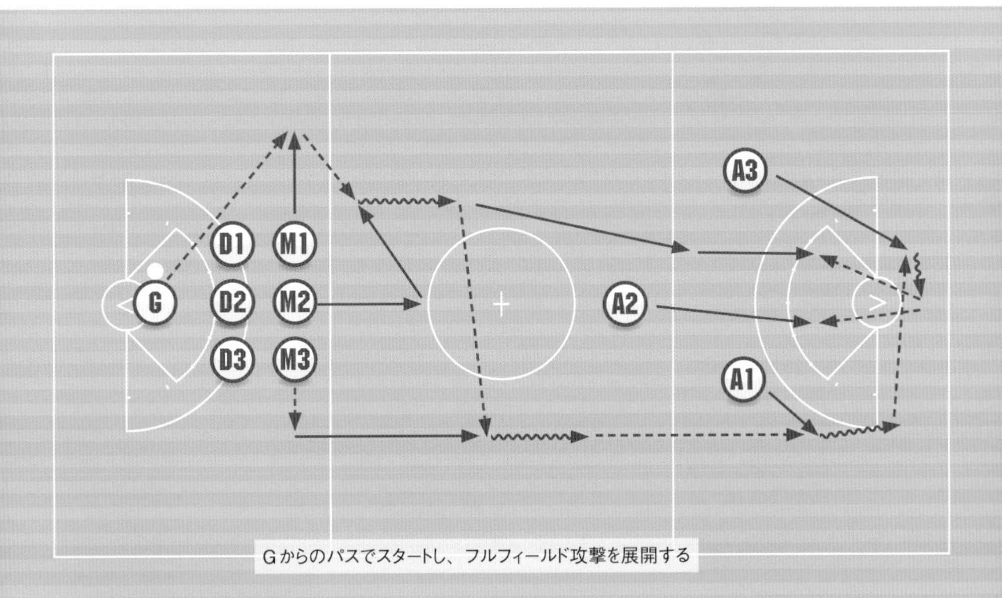

Gからのパスでスタートし、フルフィールド攻撃を展開する

動きのポイント

1 ATはボールの逆サイドにディフェンスなしで、MF（DF）は守備の陣形で配置する

2 GはM1かM3にパスを展開（この図ではM1）、M3は走る方向を変え、敵陣に向かう、M2は敵陣への飛び出しからM1にパスを受けに行く

3 M1はM2にパスを展開し、M2はドライブからM3にパスを展開する

4 M3はドライブしてA1にパスをつなぎ、A1はドライブからA3にパスを展開する

5 A3の裏ドライブに合わせ、A2とM2がカットインし、A3はどちらかにフェードする

CHUO UNIV
CHUO
CHUO UNI

おわりに

ラクロスを始めたきっかけは、大学の先輩から言われた「スタートラインが一緒だから、頑張れば日本代表になれる」という一言でした。日本のラクロスは1986年に大学生を主体に男性13人、女性8人の21人でスタートし、現在では約18,000人にまで増加しました。しかし、小学校、中学校、高校でラクロス部がある学校はほんの一握りです。

北米では、子供（6歳から12歳まで）のラクロス人口は現在では約30万人に達すると言われています。さらに男女のプロリーグも存在し、ラクロスは益々進化と発展を成し遂げようとしています。

2028年にはロサンゼルスオリンピックが開催され、その競技の一つにラクロスがなろうとしています。ラクロスがオリンピック競技になれば、日本におけるラクロスは著しく発展し普及していくと思われます。小学生、中学生、高校生のラクロスプレイヤーが増え、大学ラクロス、社会人ラクロスが進化し、日本でもプロリーグができる可能性もあります。

そんな一流を目指す選手のレベルアップに、そして初中級者はテクニックの質を上げれらる内容をまとめさせていただきました。この本が上達のきっかけになり、日本のラクロスが進歩することを楽しみにしています。

丸山 伸也

監修

丸山 伸也（まるやま しんや）

1975年生まれ、日本体育大学、順天堂大学大学院出身。現役時代は全日本選手権大会優勝10回を誇り、4度の男子日本代表選手に選ばれてワールドカップに出場。最高順位は4位。また2002年と2007年には、日本人初となるアメリカのプロチームにスカウトされる。またアシスタントコーチとして、2013年には女子日本代表チームに、2017年には女子U22日本代表チームに帯同する。現、中央大学女子ラクロス部ヘッドコーチ。

大橋 信行（おおはし のぶゆき）

1966年生まれ、日本体育大学大学院後期課程修了。専門分野は運動生理学、野外教育学、レクリエーション学。授業としてラクロスを指導する機会があり、日本ラクロス協会B級指導者まで取得する。2000年に東京家政大学ラクロス部のコーチに就任。それまで指導経験がなかったにもかかわらず、2年目には4部優勝昇格、3年目には3部へ昇格させる。

制作協力

モデル 中央大学女子ラクロス部

コラム執筆 関根 陽平
（医学博士、歯学博士、日本スポーツ協会公認スポーツデンティスト）

STAFF

●制作
株式会社多聞堂
●編集・構成
佐藤紀隆（株式会社Ski-est）
稲見紫織（株式会社Ski-est）
●撮影
眞嶋和隆
●デザイン
三國創市（株式会社多聞堂）

勝つ!ラクロス　上達バイブル
実戦スキル・戦術・応用トレーニング

2020年1月25日　　第1版・第1刷発行

監　修　丸山　伸也（まるやま　しんや）／大橋　信行（おおはし　のぶゆき）
発行者　株式会社メイツユニバーサルコンテンツ
（旧社名：メイツ出版株式会社）
代表者　三渡　治
〒102-0093東京都千代田区平河町一丁目1-8
TEL：03-5276-3050（編集・営業）
03-5276-3052（注文専用）
FAX：03-5276-3105
印刷　株式会社厚徳社

◎『メイツ出版』は当社の商標です。

ご意見・ご感想はホームページから承っております。
ウェブサイト　https://www.mates-publishing.co.jp/

編集長：折居かおる　副編集長：堀明研斗　企画担当：堀明研斗